KB175121

이민강국의
조건

어떻게 미국은 이민강국이 되었나

이민강국의 조건

초판인쇄 2016년 12월 16일
초판발행 2016년 12월 16일

지은이 이샘물
펴낸이 채종준
기 획 이아연
편 집 백혜림
디자인 조은아
마케팅 송대호

펴낸곳 한국학술정보(주)
주소 경기도 파주시 회동길 230(문발동)
전화 031 908 3181(대표)
팩스 031 908 3189
홈페이지 http://ebook.kstudy.com
E-mail 출판사업부 publish@kstudy.com
등록 제일산-115호(2000. 6. 19)

ISBN 978-89-268-7518-6 03330

이 책은 한국학술정보(주)와 저작자의 지적 재산으로서 무단 전재와 복제를 금합니다.
책에 대한 더 나은 생각, 끊임없는 고민, 독자를 생각하는 마음으로 보다 좋은 책을 만들어갑니다.

어떻게
미국은
이민강국이
되었나

이민강국의
조건

이샘물 지음

이담 Books

무엇이
이민강국을
만들었나

어떻게 하면 자녀가 공부를 잘하게 할 수 있을까?

고등학생 아들을 둔 부모가 고민을 하다가 '책상 지키기'라는 결론을 내렸다. 주변을 살펴보니 공부를 잘하는 학생들 대부분이 밤늦게까지 책상을 지키고 있었던 것이다. 부모는 아들이 그 학생들처럼 행동하면 비슷한 결과가 나올 거라 믿었다. 아들에겐 "무조건 새벽 1시까지는 책상에 앉아있으라"는 특명이 내려졌다.

아들은 매일 새벽 1시까지 책상을 지켰다. 하지만 딴생각을 하거나 휴대전화를 만지작거리며 시간을 허투루 보내기 일쑤였고, 참고서만 펴면 꾸벅꾸벅 졸았다. 수능시험 직전까지 하루도 빠짐없이 책상 앞에서 자정을 넘겼지만, 성적은 백날 제자리걸음이었다.

학습의 질이나 효율은 고려하지 않고 '책상에 앉아있는 시간'에

집착하면서 공부 잘하는 아이들의 겉모습만 베끼려던 시도는 과연 현명한 것이었을까?

여러분은 이 이야기를 듣고 미련한 모방이라며 혀를 끌끌 찰지도 모른다.

하지만 우리가 사회를 바라볼 때, 이들처럼 단순한 시각으로 현상을 해석하고 겉모습부터 베끼려 할 때가 종종 있다. 한국 사회에서 회자되는 '이민강국'을 둘러싼 담론도 이따금 이와 비슷한 방식으로 전개된다. 그 내용은 대체로 이렇다.

'우리도 선진국처럼 활기차고 풍요로운 강대국이 돼야 한다. 미국처럼 세계 초강대국의 반열에 오른 나라들은 이민자들에게 문호를 활짝 개방해 성장했다. 그들은 생산가능인구 감소를 걱정하지 않고 있고, 전 세계의 우수 인재들을 끌어오고 있다. 우리도 적극적인 이민자 유입 정책을 펴야 이민강국이 될 수 있다.'

그렇다면 우리가 이들처럼 이민자들을 적극적으로 받아들이면 이민강국이 될 수 있을까?

공부 잘하는 학생들이 대개 밤늦게까지 책상에 앉아있는 것은 사실이다. 하지만 그들의 성적이 좋은 것은 단순히 책상을 지켜서가 아니라, 학습 능률을 끌어올릴 수 있는 방법과 역량, 그리고 환경이 있었기 때문이다. 그들이 왜 공부를 잘하는지 명확히 알려면 몇 시까지 책상에 앉아있는지만 볼 게 아니라, 누구에게 무엇을 배우고 어떤 자원을 활용해 무슨 방법으로 공부하는지 등 일과를 종합적으로 살펴봐야 한다. 겉모습만 어설프게 따라 하다가는 별다른 소득도 없이 체력만 축내게 될지 모른다.

이민강국 역시 마찬가지다. 선진국이 이민자들을 많이 받아들였고, 그들의 역량을 활용해 번영한 것은 사실이다. 하지만 선진국의 경제 성장과 문화 발전이 단순히 이민자 유입 규모를 늘렸기 때문만은 아니다. 우리는 선진국이 어떤 토양을 갖추고, 어떤 이민자들을 받아들였기에 강대국이 됐는지를 종합적으로 살펴봐야 한다.

그런 의미에서 이 책은 '공부 잘하는 학생'이 '어떻게 공부했는지'를 분석한 것이라 할 수 있다.

이민강국은 '원주민+이민자=강대국'이라거나 '개방적인 이민 정책+관용=강대국'과 같은 단순한 등식으로 성립되는 게 아니다. 이 책을 통해 어떤 법과 제도, 문화, 인적자원이 한 나라로 하여금 이민자 유입을 토대로 강대국으로 발전하도록 이끌었는지 조명하고자 한다.

특히 범위를 특정해 '이민강국으로서의 미국'을 분석했다.

미국은 전 세계에서 가장 많은 이민자가 살고 있는 나라다. 국제 연합(UN) 자료에 따르면 2015년 기준으로 미국에 사는 이민자 수는 4,662만 7,102명으로 전체 인구의 14.5%를 차지하는데, 전 세계 국가 중 가장 많은 수치다. 이민자가 두 번째로 많은 곳은 독일로, 그 수는 전체 인구의 14.9%인 1,200만 5,690명으로 미국과의 격차가 컸다.

하지만 필자가 미국을 관찰한 것은 단순히 이민자 수가 많아서가 아니다.

미국은 이질적인 인구가 꽤 성공적으로 모여 살면서도 생활수준이 높은, 전 세계에서 몇 안 되는 나라이자 세계인들에게 '아메리칸 드림(American dream)'을 불러일으키는 나라다. 많은 똑똑한 젊은이가 미국의 대학에 지원하고 있고, 졸업 후에도 그곳에 남아 일하고 싶어 한다. 미국만큼 이민 희망자들에게 매력적인 선택지로 회자되는 곳은 많지 않다.

게다가 미국은 오래도록 '이민자들의 나라'를 표방하고 있다. 유럽의 많은 선진국에서도 이민은 오랜 기간 중요한 요소였지만, 이들은 미국처럼 국가의 근본적인 정체성으로 '이민국가'를 내세우진 않는다. 호주와 캐나다 역시 이민국가이지만, 미국만큼 전 세계 최고 인재들을 끌어모아 스타기업들을 탄생시키면서 야심 찬 젊은이들의 선망을 받고 있진 않다. 누구도 미국이 초강대국으로서 현존하는 이민강국의 대표주자라는 점을 부인할 수 없을 것이다.

미국 브랜다이스대 교수를 지낸 미국학자 로렌스 푸크(Lawrence H. Fuchs)는 저서 『The American Kaleidoscope(미국의 만화경)』에서 이렇게 말했다.

"역사상 그 어떤 나라도 인종적인 다양성을 다루는 데 있어서 미국만큼 성공적임을 증명하지 못했다. 이전의 어떤 나라도 다양성 그 자체를 국가적인 정체성과 통합의 근원으로 삼지 않았다. 역사상 그 어떤 나라도 귀화자와 원주민 간의 구분을 무너뜨리거나, 상당히 다른 문화에서 온 이방인이 쉽게 시민이 될 수 있게 하지 않았다."

무엇보다도 오늘날 미국의 이민자들 역시 그곳을 성공적인 이민국가로 인식하고 있다.

미국의 인도계 언론인 파리드 자카리아(Fareed Zakaria)는 2012년 하버드대 졸업식 연설에서 미국에 대해 다음과 같이 말했다.

"이 나라는 전 세계에서 여전히 가장 크고 역동적인 경제를 지니고 있고, 기술의 시대를 지배하고 있으며, 세계 최고의 회사들을 수백 개 유치하고 있고, 가장 크고 깊은 자본시장을 수용하고, 세계에서 가장 훌륭한 대학들의 거의 전부를 갖고 있다는 것을 여러분에게 상기시키고 싶다. 중국이나 인도에는 하버드대에 맞먹는 곳이 없고, 그것은 수십 년 뒤 혹은 어쩌면 그보다 긴 시간이 흘러도 마찬가지일 것이다. 미국은 활력이 넘치는 사회다. 산업화된 국가 중 인구학적으로 활기찬 유일한 국가다. 우리나라에는 매년 300만 명의 사람들이 새로 더해지고 있다. 이것은 그 자체로도 굉장한 생명력이 있고, 이는 이들 중 많은 사람이 이민자라는 사실 때문에 더욱 강해진다. 우리는 이 나라에 열망과 배고픔, 추진력, 결단, 그리고 미국을 향한 맹렬한 사랑을 갖고 온다. 미국은 2050년까지 중국보다 더 나은 인구학적인 프로필을 갖게 될 것이다. 이 나라는 나름대로의 문제를 갖고 있지만, 나는 전 세계 대부분의 다른 나라를 갖느니 미국의 문제를 갖기를 택할 것이다."

물론 세상에 완벽한 사람이 없듯이 그 불완전한 인간들이 모여 살아가는 국가도 완벽할 순 없다. 즉 '완벽한 이민강국'은 없다는 것이다. 미국에서 이민개혁은 끊임없는 논쟁의 대상이 되고 있고 미국 역사는 노예제도와 인종차별로 점철돼 있다.

하지만 뼈아픈 과거를 딛고 일어서는 '회복탄력성'의 역량을 보면 미국은 놀라우리만치 발전적인 국가다.

1960년대 미국에서 흑인들은 인종차별에 맞서서 〈We Shall

Overcome(우리는 극복할 것이다)〉이라는 노래를 부르며 행진했다. 그들은 현재의 부조리와 고난을 이겨내고 극복할 거라고 믿었다. 시민운동 지도자들 역시 더 나은 미래에 대한 확신을 갖고 있었다. 흑인 민권운동가 마틴 루서 킹(Martin Luther King)은 대중들에게 이렇게 외쳤다.

"나의 친구인 여러분들에게 말하고 싶다. 고난과 좌절의 순간에도 나는 꿈을 가지고 있다고. 이 꿈은 아메리칸 드림에 깊이 뿌리를 내리고 있다. 나에게는 꿈이 있다. 언젠가 이 나라가 모든 인간은 평등하게 태어났다는 것을 자명한 진실로 받아들이고, 그 진정한 의미를 신조로 살아가게 되는 날이 오리라는 꿈말이다."

이들의 꿈은 실현되기 시작했다. 미국 의회는 1964년 '민권법(Civil Rights Act)'을 통해 인종, 피부색, 종교, 성별, 출신국에 따른 차별을 금지했고, 고용에 있어서 동등한 기회를 요구했다. 1967년 클리블랜드에선 흑인 노예의 증손자인 칼 스토크스(Carl B. Stokes)가 시장으로 선출되면서 첫 흑인 시장이 배출됐다. 1973년 LA에선 흑인 노예의 손자이자 소작인의 아들인 톰 브래들리(Tom Bradley)가 첫 흑인 시장으로 선출됐다. 당시 LA는 미국에서 세 번째로 큰 도시이자 압도적으로 백인 인구가 많은 곳이었다.

그리고 제도적인 인종차별이 사라진 지 반세기만인 2008년, 미국은 첫 흑인 대통령인 버락 오바마(Barack Obama)의 당선으로 전 세계를 깜짝 놀라게 했다.

오늘날 아프리카에서 태어난 많은 똑똑한 흑인이 미국으로 건너가고 있다. 제도적인 인종차별로 극심한 내홍(內訌)을 앓은 나라로의 이민을 자발적으로 택하고 있는 것이다. 퓰리처상 수상자 유진 로빈슨(Eugene Robinson)은 저서 『Disintegration(분열)』에서 미국에 나이지리아, 에티오피아, 가나 등 아프리카 국가에서 이민 오는 똑똑한 학생들이 엄청나게 늘어나고 있는 현상이 '지대한 역사적인 아이러니'라며 이렇게 말했다.

"약 200년 동안 흑인들은 납치됐고, 사슬에 의해 이곳에 옮겨졌고, 임금 없이 일하는 것을 강요받았으며, 재산의 일부처럼 사고 팔렸다. 게다가 (백인들은) 흑인들이 지식을 얻으면 통제가 어려워지고 위험해질까 봐 두려워해, 고의로 그들을 교육받지 못하게 하여 문맹 상태에 머물도록 했다. 오늘날 아프리카인들은 넓은 여객기를 타고 자발적으로 이곳으로 오는데, 그들은 미국에서 가장 잘 교육받은 이민자들이다. 그들은 아시아인들이나 유럽인들, 라틴아메리카인들, 또는 다른 어떤 지역에서 온 집단보다 잘 교육받았다."

수많은 아프리카인의 이민 행렬은 미국이 과거의 유산을 성공적으로 극복하고 있다는 것을 방증한다. 흑인들은 이제 미국에서 미래에 대한 발전 가능성과 희망을 보고 있다. 이 책에서는 미국에서 인종차별과 같은 암(暗)이 어떻게 명(明)으로 발전할 수 있었는지에 대해서도 조명했다.

물론 미국에선 아메리칸 드림을 품은 수많은 사람이 건너와 그 꿈을 이루고 있는 동시에, '아메리칸 드림은 죽었다'는 지적도 많은 공감을 얻고 있다. 로버트 퍼트넘(Robert D. Putnam)의 저서 『Our Kids(우리 아이들)』는 아메리칸 드림이 위기에 처해 있다고 주장하는데, 〈뉴욕타임스(The New York Times)〉 베스트셀러에 오를 정도로 대중의 주목을 받았다.

이 책은 미국이 어떤 점에서 완벽한 이민강국인지를 주장하는 것이 아닌, 미국이 전 세계에서 가장 성공적인 이민국가가 되기까지 어떻게 발전해왔는지 그 '과정'과 '메커니즘'에 관한 것이다. 미국을 이민강국으로 만든 제도와 문화, 사람들에 대한 이야기이며, 무엇 때문에 미국이 이민강국으로 회자되고 세계인들을 매혹하는지에 관한 고찰이다.

3.
현실을
넘어서는
희망

4.
비범한
사람들

1 ——————— 인재를

끌어당길

토양

혁신과 창의성의 발판

최고의 학문적 기회

출신국 차별의 제거

소수자를 위한 사다리

과거보다는 미래

혁신과
창의성의
발판

     2015년 10월 '구글(Google)'의 최고경영자(CEO) 자리에 오른 인도 출신 순다르 피차이(Sundar Pichai)가 처음 미국에 건너갈 생각을 한 것은 회사 때문이 아니었다. 그는 CEO 자리에 오르고 2개월 뒤에 인도의 델리대 학생들과 토크콘서트를 가졌는데, 당시 사회자가 "당신은 내일을 꿈꿀 때 무엇을 꿈꿨나"라고 묻자 "커리어보다는 도착지(destination)를 더 생각했다"고 답했다. 유수의 기업에 입사해야겠다는 목표가 아닌, 특정 지역에 가겠다는 '장소'에 대한 꿈을 키웠다는 것이다. 그곳은 바로 미국의 '실리콘밸리(Silicon Valley)'였다.

   그는 어릴 때부터 기술을 사랑했다. 특히 노벨물리학상 수상자인 미국의 물리학자 윌리엄 쇼클리(William Shockley)에 관심이 많았다. 윌리엄 쇼클리는 영국에서 태어났지만 어린 시절 부모와 함께 미국으로 건너갔고, 실리콘밸리에서 트랜지스터와 반도체 장비를 연구하면서

반도체 물리학에 커다란 공헌을 한 인물로, 스탠퍼드대에서 교수로
도 재직한 바 있다.

순다르는 토크콘서트에서 "(어렸을 때) 인터넷이 없던 시대였지
만, 실리콘밸리에 대한 소식을 읽곤 했다"며 "윌리엄 쇼클리는 반도
체를 만들었는데, 그가 실리콘밸리에서 일하는 이야기를 접했다"고
회상했다. 그것이 실리콘밸리에 가고 싶다는 꿈이 싹튼 계기였다.

순다르는 인도의 대학에서 공학을 전공하고, 졸업 후 장학금으로
미국 스탠퍼드대에 진학해 재료과학과 반도체 물리학을 공부했다.
그가 2004년 구글에 입사한 뒤 이뤄낸 대표적인 업적은 구글에 고
유의 브라우저를 만들 것을 제안해 '크롬(Chrome)'을 탄생시킨 것이다.
그는 초특급 승진을 거듭해 CEO 자리에 올랐고, 구글의 혁신을 주도
했다.

미국은 순다르와 같은 뛰어난 이민자들을 끌어와 교육과 산업에
흡수하면서 발전의 동력으로 삼고 있다. 미국에서 이민자 유치를 이
야기할 때 '최고의, 가장 영특한(The best and the brightest)'이라는 문구가 자
주 언급되는 것도 그런 이유에서다. 가장 역량이 출중한 이민자들을
끌어올 수 있는지가 이민강국의 경쟁력을 좌우한다.

하지만 미국에서 훌륭한 이민자들의 유입에 선행한 것은 이민자
들이 매력을 느낄 수 있는 '토양'을 갖춘 것이었다. 뛰어난 이민자들
에게 문호를 개방하고 잘 대우하는 것은 이민자들이 그 나라에 오는
것을 선택한 뒤에야 실현될 수 있다. 똑똑한 외국인들이 매력을 느낄

만한 토양을 갖추지 못한 국가는 아무리 이민자들을 환대해도 그들
을 유치하지 못한다는 것이다.

　미국은 실리콘밸리, 즉 가장 영특하고 야심 찬 젊은이들의 선망을
불러일으킬 수 있는 토양을 갖추고 있었다. 실리콘밸리는 혁신적인
새로운 기술을 만들어내고 타인에게 파는 비즈니스가 전 세계 어느
곳보다 활성화된 곳이었다. 미국의 반(反)체제 문화는 대중이 새로운
기술을 갖는 것을 더욱 촉진하면서 창업을 장려하는 분위기에 일조
했다. 새로운 것을 만들어내겠다는 야망을 지닌 세계의 수많은 젊은
이는 실리콘밸리 이야기에 매료됐다.

　실리콘밸리의 기업가이자 경영컨설턴트인 데보라 페리 피시오니
(Deborah Perry Piscione)는 저서 『Secrets of Silicon Valley(실리콘밸리의 비밀)』에
서 이렇게 설명했다.

　"실리콘밸리는 우리가 살고, 일하고, 사람들과 사귀는 방식에 있어
서 전 세계를 지속적으로 바꿔나가는 거의 모든 기술적인 혁신을 창
조하고 있다. 미국의 다른 지역이 경제적 어려움에 처하더라도 실리
콘밸리만큼은 경제 발전의 허브가 되는 굉장한 이점을 갖고 있다. 게
다가 실리콘밸리는 끊임없이 진화하고 있다. 이것은 몇 년마다 폭발
하는 활화산과도 같은데, 그 창조성은 새로운 아이디어와 기술, 비즈
니스 모델, 그리고 상업화를 가져온다."

　어떤 사람들은 실리콘밸리라고 하면 '페이스북(Facebook)'의 창립자

마크 저커버그(Mark Zuckerberg)처럼 창업을 통해 거대한 부자가 되는 것을 떠올릴지 모르겠다. 하지만 실리콘밸리 이야기를 다룬 『The New New Thing(새롭고 새로운 것)』의 저자 마이클 루이스(Michael Lewis)는 돈은 그가 실리콘밸리에서 흥미롭다고 느낀 많은 요소 중 '일부'일 뿐이라고 말한다. 그렇다면 무엇이 실리콘밸리로 하여금 역동적인 혁신과 창업의 메카로써 사람들을 끌어모으게 했을까?

데보라 페리 피시오니는 저서 『Secrets of Silicon Valley(실리콘밸리의 비밀)』에서 수년간 실리콘밸리 기업가들을 관찰한 끝에 그들이 갖고 있는 독특한 특징을 발견했다고 말한다. 그것은 열정과 진정성, 아이디어와 무모함, 위험감수, 신뢰성, 회복탄력성과 같은 것이었다. 실리콘밸리에는 빨리 부자가 되길 원하는 기업가들을 오히려 '자신의 확신에 대해 진정성이 결여돼 있고, 혁신적이기보다는 허세를 부리는 것에 가깝다'고 보는 고정관념이 있었다. 그곳은 물질적 욕망보다는 이상과 희망에 기반을 둔 성취에 대한 야심이 가득한 곳이었다.

실리콘밸리는 단순히 기술 집합소가 아니라 생태계였다.

윌리엄 밀러(William F. Miller) 스탠퍼드대 명예교수는 실리콘밸리를 '서식지(habitat)'라고 불렀다. 단순히 사람들이 아이디어를 창조하는 곳이 아니라, 그 아이디어를 상업화할 수 있도록 하는 곳이었기 때문이다. 첫 번째 컴퓨터는 펜실베이니아대에서 만들어졌고, 첫 번째 반도체는 뉴저지의 벨 연구소(Bell Lab)에서 발명됐다. 하지만 그중 어느 것도 그곳에서 상업화되지 않았다. 이런 기술들의 상업화는 모두 실리콘밸리에서 이뤄졌다.

실리콘밸리는 어떻게 혁신과 창의성이 열매 맺게 하는 발판이 될 수 있었던 걸까?

펜실베이니아주립대 교수 페리보즈 개다(Fariborz Ghadar)는 저서 『Becoming American(미국인이 되는 것)』에서 실리콘밸리가 미국 동부지역과 차별적인 속성을 갖고 있었다고 설명한다. 실리콘밸리에서는 스타트업(start-up, 설립된 지 오래되지 않은 신생 벤처기업)이 지속적으로 생겨나며 성장하는 생태계가 조성된 반면, 더 오래된 산업도시인 디트로이트나 피츠버그에서는 몇 개의 대기업이 창업 벤처를 집어삼키며 발전이 정체되곤 했다.

책에서는 그 이유를 UC버클리대 교수 애나리 색스니안(AnnaLee Saxenian)의 연구결과를 통해 설명하고 있다.

애나리 색스니안은 'Route 128(128번 도로, 미국 매사추세츠 주에서 컴퓨터와 전자산업 관련 기업들이 몰려 있는 구역)' 미니컴퓨터의 상대적인 쇠락과 샌프란시스코 남부에서 벼락 성공을 거둔 벤처기업을 비교했다. 상이한 결과의 원인은 바로 두 지역의 문화였다.

128번 도로에 있는 기술자들은 기업의 비밀을 조심스럽게 보존하는 커다랗고 관료적인 기업을 창조했고, 프로젝트에서 협력하거나 기술을 공유할 이유를 찾지 못했다.

반면 실리콘밸리에 있는 기술자들은 스탠퍼드대, UC버클리대를 비롯해 지역에 있는 다른 기관들과 협력하며 합작기업의 정신을 구축했다. 서로 간 연결과 협력을 통해 변화하는 시대에 빠르게 부응해 간 것이다. 이로써 실리콘밸리 기업들은 반도체, 컴퓨터 하드웨어 및 소프트웨어, 인터넷, e커머스(전자상거래), 웹서비스, 애플리케이션 등 신산업에 진출할 수 있었다.

실리콘밸리에 소통과 협력을 추구하는 문화가 생성된 것은 20세기로 거슬러 올라간다.

1970년대 실리콘밸리 사람들은 당시 정치적이고 경제적인 중심지였던 동부에서 벗어나 있으면서 '아웃사이더(outsider)'가 된 느낌을 받았다. 대신 서로 협력하며 일하는 것으로 단결했다. 정보를 자유롭게 공유했고, 회사 간에 자연스럽게 이동했으며, 다른 사람의 벤처에 투자했다. 그렇게 실리콘밸리에선 새로운 스타트업들이 더 개방되고, 연결된 모델을 계속해서 만들어냈고, 벤처캐피털과 그 외의 전문적인 서비스들이 생겨났다.

한때 미국 동부지역에서 기술자는 '미화된 육체노동자'로 묘사되곤 했다. 사람들은 동부의 명문대인 하버드대나 프린스턴대, 예일대에 기술자가 되기 위해 입학한다고 생각하지 않았다. 이와 달리 실리콘밸리에는 봉건적이고 구시대적인 계급구조나 실리 없이 점잔만 빼는, 명분만 앞세우는 뒤떨어짐이 없었다. 그곳에는 새로운 것을 창조하려는 기술자들이 다른 어떤 직업보다 존중받는 분위기가 있었다. 출신이나 관습은 덜 중요하게 취급됐다.

게다가 실리콘밸리에는 혁신을 추구하되, 실패를 관대하게 여기는 문화가 있었다.

1929년 대공황으로 주식시장이 붕괴됐을 때, 일부 월스트리트(Wall Street) 경영자들은 고층 빌딩에서 투신자살을 했다. 실리콘밸리에서는 이를 응용한 재치 있는 농담이 회자되고 있다. 실리콘밸리에는 높은 빌딩이 없기 때문에 경영자가 실패했을 때 정말 투신하고 싶다면 2층짜리 빌딩에서 뛰어내릴 수 있고, 삔 발목을 고친 뒤에 다음 날 새로운 사업을 시작한다는 것이다.

실리콘밸리에서 실패는 기업가적인 여정의 하나로 인식됐다. 폴 사포(Paul Saffo) 스탠퍼드대 교수는 실리콘밸리에 대해 "성공의 첨탑들은 실패의 돌무더기 위에 세워졌다"라고 언급하기도 했다. 경영자들은 실패에 관대했고, 누구라도 그것으로부터 영향을 받지 않을 수 없었다. 실리콘밸리에선 실패하더라도 누구의 손가락질도 받지 않고 다시 일어설 수 있었다. 이런 문화는 창조와 혁신, 변화와 도전에 목마른 사람들에게 가장 넓고 관대한 품을 제공했다.

한때 실리콘밸리 인력 대부분은 중서부에서 온 백인 남성이었다. 하지만 기술자 수요가 증가하면서 대학원 공부를 위해 입국한 외국인들이 많이 채용되기 시작했다. 실리콘밸리의 매력적인 특질 때문에 인구의 외연은 넓어지기 시작했고, 세계 각국의 인재들이 모이게 됐다.

실리콘밸리의 성공신화는 오늘날 미국 사회에 굉장한 영향력을 만들어내고 있다.

현재 미국 전역에서는 새로운 것을 만들어내고 회사를 세우는 것이 성공을 향한 여정으로 분류되고 있다. 설령 위험과 실패가 따르더라도 새로운 것을 만들어내는 것은 멋지게 인식되고 있으며, 수많은 젊은이가 추구하는 성공방식이자 미래상으로 회자되고 있다.

미국의 인도계 언론인 파리드 자카리아(Fareed Zakaria)는 2014년 세라 로렌스대 연설에서 이 같은 미국 사회의 분위기를 다음과 같이 드러냈다.

"여러분은 역사상 흥미로운 순간에 전형적인 교양과목(Liberal Arts) 대학인 세라 로렌스대를 졸업한다. 솔직히 말하면 (지금은) 교양과목이 그다지 멋지지 않은 시대다. 여러분 모두는 요즘에는 컴퓨터를 공부해서 밤에 코드 작업을 하고 회사를 창업한 뒤 이것을 대중들에게 가져다줘야 한다는 것을 알고 있을 것이다. 새로운 사업을 시작하고 싶다면 기계공학을 전공할 수도 있다. 여러분이 해야 할 것은 교양과목 교육을 받는 게 아니다. 이것은 실제로 더 이상 농담이 아니다. 텍사스와 플로리다, 노스캐롤라이나 주지사들은 더 이상 교양과목을 보조하는 것에 세금 납부자들의 돈을 쓰게 하지 않겠다고 발표했다. 플로리다 주지사 릭 스콧(Rick Scott)은 묻는다. '우리 주(州)가 더 많은 인류학자들을 갖고 있지 않은 게 중요한 관심사인가? 나는 그렇게 생각하지 않는다.' 심지어 오바마 대통령도 최근 예술, 역사 학위보다 기술적인 훈련이 더 중요할 수 있다는 것을 명심하라고 학생들에게 촉구했다. 영어와 같은 과목들은 한때는 굉장히 인기 있고 존중받았지만, 가파르게 감소하고 있다…….”

물론 파리드 자카리아는 이날 교양교육의 중요성을 역설했지만, 사람들의 공감을 얻기 위해 이런 말로 연설을 시작한 것이었다. 미국 사회의 현실을 여실히 보여주고 있다.

새로운 기술과 회사를 만들어내는 사람들은 설령 실패하더라도 이 같은 사회 분위기 속에서 존중받았고, 정신적으로 보상받는다고 느꼈다. 그들은 때때로 실패하더라도 다시 일어섰고, 끝내 무엇이든 해낼 수 있었다. 이들의 성공신화는 전 세계의 야심 차고 똑똑한 사람들을 끌어당겼고, 그렇게 유입된 이민자들은 또다시 혁신적인 기술과 서비스를 창조해냈다.

최고의
학문적
기회

　　실리콘밸리는 미국의 '여러 가지' 매력적인 토양 중 하나였을 뿐이다.

　미국은 세계 각국의 똑똑하고 능력 있는 이민자들을 끌어올 수 있는 다양한 무대를 갖추고 있었다. 실리콘밸리가 기술과 창업에 관심 있는 사람들을 끌어왔다면, 미국의 '아이비리그대(하버드대, 예일대, 프린스턴대, 브라운대, 컬럼비아대, 코넬대, 다트머스대, 펜실베이니아대)'를 비롯한 유수의 교육기관들은 전 세계의 똑똑한 학생들과 학자들을 흡수했다.

　미국이 전 세계에서 가장 많은 외국인 학생을 유치하는 국가라는 것은 통계적으로도 증명된다. 유네스코(UNESCO) 자료에 따르면 2013년 기준으로 고등교육을 받는 전 세계 유학생들의 절반은 다음 6개 국가가 유치한 것으로 나타났다. 미국이 전체의 19%를 차지해 가장 많았고, 그다음으로는 영국(10%), 호주(6%), 프랑스(6%), 독일

(5%), 러시아(3%) 순이었다.

미국 유학생들은 점점 늘고 있다. 미국 국토안보부(Department of Homeland Security)가 2015년 3월 발표한 자료에 따르면 그해 2월 기준으로 미국에 있는 외국인 학생들은 113만 명에 이르렀는데, 이는 전년도(2014년 1월)에 비해 14.18% 증가한 수치였다.

미국은 특히 STEM(Science, Technology, Engineering, Mathematics), 즉 과학, 기술, 공학, 수학 분야의 인재를 많이 끌어당기고 있다. STEM은 새로운 기술을 만들고 일자리를 창출하며 경제 발전에 기여할 소지가 높아 미국 이민 정책에서 중시되는 분야다. 국토안보부 자료에 따르면 미국에 있는 외국인 학생 중 37%(총 41만 4,613명)는 STEM 관련 전공에 등록돼 있었다.

미국으로 향하는 유학생들이 증가하고 있는 것은, 특히 신흥국 사이에서 자국의 인적자원의 경쟁력을 키우려는 열기가 거세기 때문이다. 중국에선 경제성장으로 인해 부유층이 대규모로 부상하면서 자녀들을 미국으로 보내고 있고, 중동의 산유국들은 자국 인재의 경쟁력을 키우기 위해 유학생들에게 장학금을 지급하며 미국으로 보내고 있다.

전 세계 수많은 유학생이 여러 나라 중에서도 미국을 택하는 것은 무엇보다도 그곳의 교육기관이 뛰어난 경쟁력을 지니고 있기 때문이다.

미국에는 최고의 교육경쟁력을 갖춘 대학들이 많이 포진해 있다.

대학의 우수성을 수치로 나타내는 것에 대해 일부의 비판도 있지만, 이를 보여주는 각종 지표는 흔히 접할 수 있다.

영국 〈타임스고등교육(Times Higher Education)〉이 전 세계 70개국의 대학 800곳을 대상으로 조사 발표한 '세계 대학 순위 2015~2016'에 따르면 상위 200개 대학에 미국 대학이 63곳이나 포함돼 단일 국가로는 가장 많았다. 전체 10위 안에 든 대학 중에는 캘리포니아공대(1위), 스탠퍼드대(3위), 매사추세츠공대(5위), 하버드대(6위), 프린스턴대(7위), 시카고대(10위) 등으로 미국 대학이 6곳이나 됐다.

이 자료에서 우수한 대학을 두 번째로 많이 갖고 있는 나라는 영국이었는데, 상위 200개 대학에 34곳이 포함됐다. 세계 2위지만 미국에 비해서는 절반에 그치는 수치다.

더욱이 미국은 양적으로도 고등교육기관을 많이 갖추고 있다. 미국 교육부(Department of Education) 자료에 따르면 2012년 기준으로 미국에 4년제 대학은 3,026개, 2년제 대학은 1,700개로 학위를 수여하는 기관만 총 4,726개에 이르렀다.

미국 전역에 존재하는 우수한 대학들은 전 세계의 인재들을 끌어모으기에 충분했다. 유학생 중 상당수는 유학을 매개로 미국에 첫발을 디뎠지만, 일부는 졸업 후에도 미국에 남아 학문과 경제 발전에 기여했다. 설령 본국에 돌아가더라도 이들의 귀환은 본국의 똑똑한 젊은이들에게 미국 교육에 대한 열망을 확산시켰고, 또 다른 유학생들의 발길을 이끌었다.

미국은 어떻게 이처럼 양질의 교육기관을 많이 만들어낼 수 있었을까?

미국에서 독립혁명이 발생한 게 1775년, 독립선언 발표는 1776년, 파리조약에서 독립이 승인된 게 1783년이다. 불과 200년 남짓한 역사를 가진 나라에서 우수한 교육기관들을 많이 만들어내고, 양적으로나 질적으로 유럽의 선진국들을 앞지른 비결은 무엇이었을까?

이에 대해서는 여러 가지 해석이 존재한다. 미국교육협의회(American Council on Education)에서 발간한 보고서에 따르면 다음과 같다.

미국 고등교육은 미국 사회를 형성한 세 가지 주요 철학적인 믿음의 영향을 받았다.

첫 번째는 미국의 제3대 대통령을 지낸 토머스 제퍼슨(Thomas Jefferson)의 이상으로부터 영향을 받은 '표현의 자유'와 '제한된 정부'다. 이것은 국가와 종교단체, 개인이 교육기관을 만들고 유지하되, 다른 나라에선 흔히 나타나는 정부의 제재 수준으로부터 보호받도록 했다. 학교에 대한 제재는 제한적이었고, 필요할 때는 중앙정부가 아닌 지방정부에 의해 제한됐다. 정부가 연구비 등 재정 지원을 하더라도 교육에 대한 핵심적인 의사결정은 각 대학에 맡겨져 있었다.

두 번째는 '시장의 원리에 기초한 자본주의'다. 미국의 대학들은 '중앙집권화된 계획'보다는 '경쟁'을 통해 더 좋은 결과가 성취된다는 가정하에 운영됐다. 다른 재화와 서비스처럼 교육기관도 시장에서 학생과 부모로부터 선택받기 위해 애써야 하며, 우수한 학생과 교수, 그리고 재정 지원을 유치하기 위해 끊임없이 경쟁한다는 것이다.

미국의 공립대학에서는 등록금뿐 아니라 주(州) 정부의 보조금 (appropriation)도 중요한 수입원이다. 주 정부는 경제 상황이 좋을 때는 보조금을 늘리지만, 경제가 어려워지고 세금 수입이 떨어지면 고등교육 예산을 깎은 뒤 대학들이 등록금 인상 등을 통해 스스로 비용을 보충하기를 기대하곤 했다. 대학의 입장에서는 운영비는 증가하는데 주 정부 지원이 감소하면, 비용을 감축하고 효율성을 높이는 한편 새로운 수익원을 창출해야 했다. 이에 각 대학은 온라인 교육과정과 각종 프로그램을 개설해 수입원을 다양화할 뿐 아니라, 빼어난 연구 실력과 학문적인 풍토를 갖추는 것으로 학생들과 기부자들을 유치했다. 미국 대학들이 자체 직원을 외국에 파견하거나 컨설턴트를 고용해 유학생 유치에 적극 나서는 이유이기도 하다.

세 번째는 미국 사회에 널리 퍼져 있는 '기회의 평등'과 '사회적인 이동성'이다. 미국 역사의 상당 부분에서 고등교육은 엘리트들의 활동이었다. 한때 고등교육에서 성별과 종교, 인종과 민족, 사회계급 등에 기초해 특정 집단은 배제됐다. 하지만 경제 발전과 사회의 변화는 중산층들이 고등교육에 접근할 수 있게 했다. 미국인들은 고등교육에 대한 접근을 '기회의 땅'의 필수조건으로 인식했고, 이에 대한 접근성을 넓히는 것으로 믿음을 구현했다. 20세기 미국에선 '커뮤니티 칼리지(community college)'가 만들어졌는데, 연령대와 학업준비 및 소득수준이 다양한 사람들이 고등교육에 보다 접근할 수 있도록 하기 위해서였다.

이상의 세 가지 믿음에 근거한 미국의 고등교육은 '독립성, 정부에 대한 회의, 야망, 포용, 그리고 경쟁'이라는 키워드로 요약된다. 이 같은 요소는 미국의 대학들이 최고의 학문기관으로 발돋움하면서 놀라운 개방성을 지니도록 한 원동력이 됐다.

한편, 미국이 유학생을 많이 유치할 수 있었던 것은 대학 자체의 노력 때문만은 아니었다.

외국인의 입국은 기본적으로 '비자 정책'의 영향을 받는다. 미국에 우수한 인재가 많이 유입된 건 탁월한 학문적인 역량을 갖춘 대학뿐 아니라, 유학생의 중요성을 인식한 정부의 영향도 한몫을 했다. 정부 역시 인재 유치에 적극적으로 팔을 걷어붙이고 나섰던 것이다.

미국 정부가 유학생 유치에 본격적으로 열을 올리기 시작한 것은 제2차 세계대전(1939~1945년)이 끝난 이후부터다. 당시 미국 국무부(Department of State)는 전쟁으로 폐허가 된 국가의 '최고로 명석한' 학생들을 유치하기 위해 '비(非)이민 비자 프로그램'을 도입했다. 해외의 인재들이 유학을 마친 뒤, 미국 친화적인 정서를 갖고 귀국해 본국을 재건하는 지도자가 되도록 하기 위해서였다.

미국 정부는 오늘날까지 유학생 유치에 적극적인데, 그 이유는 보다 다차원적이다.

우선 유학생을 유치하면 외교 정책적인 이득이 있다. 외국 학생들은 유학을 통해 미국의 정치적인 가치와 제도에 대한 공감을 높일 수 있고, 미국은 그들의 모국과 이해 및 친선에 기반한 건설적인 관계를 쌓을 수 있다. 특히 외국 정상이 학창시절에 미국에서 형성한 미국인과의 관계는 외교 정책에 있어서 무수한 이점을 가질 수 있다. 2002년 2월 당시 미국 국무부 장관이던 콜린 파월(Colin Powell)의 다음과 같은 발언도 그런 맥락에서 나온 것이다.

"학생 비자에 대한 당국의 정책은 개방된 사회의 민주주의적 가치와 외국 학생들이 우리나라의 경제뿐 아니라, 지적이고 학문적인 환경에 중요한 기여를 한다는 인식에 기반하고 있다. 우리는 국경 안보를 강화함과 동시에 이런 중요한 관계를 계속 육성해야 한다……. 국제 교육을 통해 만들어진 전문적인 파트너십과 평생의 친교는 안보와 번창하는 미래에 매우 중요한데, 우리나라뿐 아니라 세계 전체에도 그렇다."

또한 유학생들은 경제적인 이득을 가져다준다. 미국 국제교육기관(Institute of International Education)이 상무부(Department of Commerce) 자료를 인용해 발표한 바에 따르면 전 세계 50개국에서 온 유학생들의 소비는 2014년 미국 경제에 300억 달러 이상을 기여했다. 학교 재정에도 커다란 도움이 되고 있음은 물론이다. 공립대학에서 유학생들은 주(州) 내 학생들에 비해 많은 등록금을 지불하기 때문이다. 게다가 미국에서 교육받은 외국 학생들이 미국 제품과 문화에 대한 선호를 간직하는 것은 미국 기업에도 직간접적인 이득이 된다.

유학생들은 미국 교육의 경쟁력을 키우는 데에도 도움이 된다. 이들은 많은 미국 학생에게 외국인들과의 가깝고 광범위한 접촉 기회를 제공한다. 다양한 배경을 지닌 학생들이 미국에서 공부하는 것은 미국의 학생과 교수들로 하여금 다른 문화와 관점을 접하도록 하고, 기존의 관념과 편협함에서 벗어나 시야와 이해를 넓힐 수 있게 한다. 이것은 미국의 학생들이 추후 세계 무대에서 활동하기 위한 효과적인 준비과정으로 작용하고 있다.

하지만 똑똑하고 열망 있는 유학생들을 유치하려는 정부의 의지는 당사자인 학생들의 의지와 맞아 떨어져야 성공할 수 있다. 미국이 성공적인 유학 대상국이 될 수 있었던 것은 교육기관의 경쟁력이나 비자 정책뿐 아니라, 생활환경의 매력에 힘입은 것이기도 했다.

미국의 할리우드(Hollywood) 영화는 미국에서의 삶을 전 세계로 보여주면서 외국인들로 하여금 '아메리칸 드림(American dream)'에 대한 환상을 갖도록 했다. 코카콜라와 청바지로 대변되는 자유분방한 문화는 수많은 젊은이가 미국으로의 이민을 꿈꾸도록 불을 지폈다. 일부 외국 학생들은 학문적이거나 사업적인 목적이 아니더라도 미국에서의 삶을 원해 유학을 택하기도 했다.

미국은 학문적 기회와 생활환경을 매개로 전 세계의 뛰어난 인재들을 자국의 교육기관으로 끌어모으면서 우수한 이민자들의 허브 역할을 했다. 유학생들은 경제와 문화다양성, 외교 관계에 기여하며 미국이 '소프트 파워'를 키우도록 했고, 꿈과 열망을 지닌 똑똑한 젊

은이들의 지속적인 유입은 미국 사회가 역동성과 활기를 유지하는
데 크게 이바지했다.

출신국
차별의
제거

　　아무리 우수한 자원을 갖췄다고 하더라도 똑똑하고 야망 있는 이민자들에게 태생적이고 근원적인 장벽이 존재한다면 매력적인 이민국가가 될 수 없다.

　미국이 전 세계 수많은 이민자의 발길을 끌어당긴 것은 창업의 메카나 뛰어난 교육기관을 갖춰서이기도 했지만, 누구에게나 가능성이 열려있는 곳이었기 때문이다. 미국은 어느 누가 어디서 왔든지, 노력과 실력에 따라 성공할 수 있는 곳으로 인식됐다.

　이를 보여주는 상징적인 사례가 '1965년 이민국적법(Immigration and Nationality Act of 1965)'이다. 국가별로 쿼터를 지정해 받아들일 이민자 수를 정하던 기존의 방식을 이 법을 통해 폐지했다. 이민자 수용에 있어서 '출신국에 따른 차별'을 제거한 것이다.

　법안 통과 이전만 해도 미국 이민제도에서 출신국은 핵심적인 요소로 작용했다. 미국은 쿼터를 통해 북유럽 출신의 이민은 많이 받아들이고 남부 및 동부 유럽 출신의 이민은 느슨하게 제한하는 한편, 아시아와 아프리카, 카리브 해 출신의 이민은 엄격하게 제한했다. 그렇기에 1965년 이민국적법은 미국 이민자들의 구성을 바꿔놓은 획기적인 전환점으로 꼽힌다.

역사적으로 보면 미국이 이민자들을 출신국에 따라 노골적으로 차별해온 것은 자명하다. 미국에서 이민을 둘러싼 법과 제도는 한동안 백인 앵글로색슨 개신교도인 '와스프(WASP; White Anglo-Saxon Protestant)'를 선호했다.

1790년 귀화법(The Naturalization Act)은 시민권 자격을 '자유로운 백인 외국인'과 '괜찮은 도덕적인 성품을 가진 사람'으로 제한했다.

1800년대 서부의 '골드러시(Gold Rush)'로 대변되는 경제 호황기에 미국에는 수많은 중국인이 입국했다. 이들은 광산에서 금을 캐고 대륙횡단 철도를 건설하며 관대한 대우를 받았지만 경제 호황이 끝나고 일자리가 부족해지자 애물단지로 취급됐고, 남북전쟁(1861~1865년) 이후 경제가 침체되자 세탁소나 식당에서 일하기 시작했다. 의회는 중국인에 대한 반감 여론이 거세지자 1882년 '중국인 배제법(Chinese Exclusion Act)'을 통과시켰는데, 이는 중국인 노동자들의 이민과 시민권 취득을 제한한 법이었다.

한술 더 떠 1917년에는 이민법을 개정해 '아시아인 금지구역(Asiatic Barred Zone)'을 지정하면서 다른 아시아 국가와 태평양의 섬 출신까지 이민을 제한했다.

　미국에서 이민법은 끊임없이 개정됐는데, '1924년 이민법(Immigration Act of 1924)'은 출신국별로 제각기 쿼터를 정해 외국인 입국자 수를 제한했다. 그와 동시에 시민권을 취득할 수 없는 인종이나 국적 사람들의 입국을 통제했다. 1929년 연간 총 15만 개의 쿼터 중 독일인에게는 5만 1,227개가 할당됐지만, 그리스인에게는 고작 100개가 할당됐고 중국인에게는 단 하나도 주어지지 않았다.

　의회는 1943년에 이르러서야 중국인 배제법을 폐기했다. 법 폐기에는 반대가 거의 없었는데, 별반 달라질 게 없었기 때문이다. 1924년 이민법은 미국 시민권을 취득할 수 없는 이방인들은 입국할 수 없다고 명시하고 있었고, 여기에 중국인이 포함됐다.

　'1952년 이민국적법((Immigration and Nationality Act of 1952)'은 재차 유럽 선진국 출신을 선호했다. 이민자 쿼터를 미국에 이미 들어와 있는 이민자들의 출신국에 비례해 책정한 것이다. 기존 이민자들은 대부분 서유럽 출신이기에 연간 발급되는 비자 15만 4,277개 중 85%가 북서부 유럽 출신에게 할당됐다. 당시 법안 통과를 주도한 의원들은 이민자들로 인한 공산주의의 침투를 우려했고, 동화되지 않은 이방인들이 미국 생활의 기반을 위협할까 봐 두려워했다. 제한적이고 선별적인 이민으로 국가 안보와 이해를 보전하려 한 것이다.

　미국에서 출신국을 기반으로 차별하는 이민 정책이 변화에 직면한 건 1960년대 시민권 운동이 힘을 얻으면서부터였다. 당시는 거대한 이념 변화의 시기였다. 시민권 운동은 흑인들이나 다른 소외된 그룹에 대한 인종차별 관련 규정을 폐지하려는 노력으로까지 이어졌다.

미국이 진정으로 자유롭고 평등한 사회라면 이민자들 역시 인종이나 국적과 관계없이 동등한 기회를 얻을 수 있어야 했다. 사람들은 이민자 수를 국가별로 할당하는 쿼터 시스템이 뒤떨어지고 차별적이라고 생각했다. 특히 당시 미국으로 이민 오려는 수요가 높았던 그리스, 폴란드, 포르투갈, 이탈리아 등의 남부 및 동부 유럽 사람들은 미국의 이민제도가 차별적이라고 불평했다. 영국, 아일랜드, 독일 등 서유럽 국가의 쿼터는 다 채워지지도 않는 반면, 다른 나라의 사람들은 적은 수의 비자를 얻기 위해 오래 기다려야 했기 때문이다.

미국 정치권에서도 쿼터제를 폐지해야 한다는 의견이 대두되기 시작했다. 미국 대통령을 지낸 존 F. 케네디(John F. Kennedy)는 1963년 연설에서 쿼터 시스템을 "참을 수 없다(intolerable)"고 표현했다. 그는 저서 『A Nation of Immigrants(이민자들의 나라)』에서 쿼터 시스템을 다음과 같이 비판했다.

"출신국을 이용하는 시스템은 논리에도, 합리성에도 기반을 두지 못하고 있다. 이것은 국가의 필요를 충족시키지도 못하고, 국제적인 목적을 달성하지도 못한다. 국가 간 상호 의존하는 시대에 이런 시스템은 시대착오적인데, 이것은 미국에 들어오려는 지원자들을 허가할 때 출생이라는 우연에 기반해 차별하는 것이기 때문이다."

당시는 시민권 운동으로 인해 미국에서 급진적인 사회 변화에 대한 요구가 봇물 터지듯 밀려오던 시기였지만, 이민자들의 출신국 쿼터를 폐지하는 것이 대중들의 요구에 의해 촉발된 것은 아니었다. '이민법 개정'을 위한 대규모 시위나 광범위한 대중의 요구는 없었다는 것이다. 쿼터제 폐지를 주도한 것은 일반 대중이 아니라 정치 지도자들이었다.

미국의 시민운동가 캐런 나라사키(Karen Narasaki)는 2006년 미국 공영 라디오(NPR: National Public Radio) 인터뷰에서 1965년 이민법 개정이 더욱 빼어났던 것은 이것이 대중들에게 인기가 없었기 때문이라며 다음과 같이 말했다.

"1965년 이민국적법은 1960년대에 사람들이 행진을 한 이유가 아니었다. 이것은 미래를 보려고 한 정치적인 엘리트 집단이 정말로 원한 것이었다. 그리고 이것은 '우리가 우리의 가치라고 말하는 것에 대해 정말 진실할 것인가'라는 이슈였다."

의회는 당시 사회에 대두되던 차별 철폐 논의에 힘입어 쿼터제에 대한 토론을 시작했고, 1965년 이민국적법을 통과시켰다.

1965년 이민국적법은 몇몇 예외를 제외하고는 비자 발급에 있어서 인종, 성(性), 국적, 출생지, 거주지에 따른 차별을 금지했다. 또 '미국 시민 또는 영주권자의 친척'이나 미국에 도움이 되는 기술을 가진 사람, 난민 등에게 우선권을 주는 방식으로 이민 정책을 재편했다. 물론 전체 규모의 제한은 있었다. 미국이 받아들일 전체 이민자 규모는 기존의 15만 명에서 29만 명으로 늘리면서 동구권은 17만 명, 서구권은 12만 명으로 한정한 것이다. 하지만 미국인의 직계가족이 입국할 수 있는 숫자에는 제한이 없었다.

의회에서 토론 끝에 법안이 통과될 당시만 해도 사람들은 미국의 인구 구성에 커다란 변화가 생길 것을 예상하지 못했다. 법안의 취지가 이민자들에게 문호를 개방하는 게 아니라, 공정한 기준에 따라 이민자들을 수용한다는 '원칙의 문제'였기 때문이다.

게다가 '미국에 이미 있는 이민자들의 친척'과 '미국에서 공급이 부족한 직업을 가진 이민자'에게 우선권을 주는 것은 큰 변화를 만들지 못할 것으로 보였다. 린든 존슨(Lyndon Johnson) 대통령 역시 법안에 사인하면서 1965년 이민국적법은 "혁신적인 법안이 아니며, 이것은 수백만 명의 사람들의 삶에 영향을 미치지 않는다"고 평가했다. 또 "이것은 우리 일상의 구조를 재형성하지 않을 것이며, 우리의 부(富)나 힘에도 중요한 보탬이 되지 않을 것"이라고 말했다.

미국의 사회학자 스티븐 클라인버그(Stephen Klineberg)가 2006년 미국 공영 라디오와의 인터뷰에서 한 설명에 따르면 당시 법안 토론에 참여한 사람들은 이 법에 대해 "우리는 더 많은 영국 출신 의사와 독일 출신 엔지니어에게 문을 열어야 한다"고 말했다. 법안이 이집트 출신 의사, 인도 출신 컴퓨터 프로그래머, 중국 출신 공학자에게 문을 여는 계기가 되리라 생각지 못한 것이다. 이들의 예측은 잘못된 것으로 드러났다. 1972년까지 미국에 온 과학자와 기술자의 86%, 내과

의사와 외과의사의 90%는 덜 발달된 나라에서 온 이민자들이었다.

　1965년 이민국적법은 미국 이민자들의 다양성을 대폭 끌어올렸다. 법안이 통과된 지 5년 후, 미국에 이민 오는 아시아인들(특히 전쟁 이후 폐허가 된 베트남이나 캄보디아와 같은 동남아시아에서 온 사람들)은 4배 이상으로 늘었다. 1950년대만 하더라도 미국 내 이민자들의 절반 이상은 유럽 출신이었고, 6%만이 아시아인이었다. 하지만 1990년대에는 16%만이 유럽 출신이었고, 아시아 출신은 31%에 이르렀다. 멕시코, 필리핀, 한국, 도미니카공화국, 인도, 쿠바, 베트남 등은 미국에 이민자들을 가장 많이 보내는 국가가 됐다. 이민자들의 주요 출신국이 점차 유럽에서 라틴아메리카와 아시아로 옮겨갔다. 미국이 오늘날의 모습처럼 굉장히 다인종적이며 다문화적인 나라가 되기 시작한 것이다.

　1965년 이민국적법은 미국으로 이민 오는 사람을 증가시키는 강력한 매개가 됐다. 가족과의 결합을 토대로 미국에 온 사람들에게는 수치적인 제한이 가해지지 않았으므로 그 수가 급증한 것이다. 전체 인구에서 이민자가 차지하는 비중도 늘었다. 1960년 미국에는 970만 명의 외국 출생 이민자가 살고 있었는데, 당시 인구의 5.4%를 차지했다. 1980년엔 인구의 6.2%를 차지하는 1,410만 명, 2000년엔 11.1%인 3,110만 명, 2010년엔 12.9%인 4,000만 명으로 꾸준히 증가했다.

　오늘날 미국의 이민자 구성을 살펴보면 1965년 이민국적법의 흔

적을 고스란히 엿볼 수 있다. 미국 국토안보부 자료를 토대로 2014
년 미국에서 영주권을 얻은 사람들을 종류별로 살펴보면 가족관계
로 인해 이민 온 비율이 63.5%로 가장 높았다. 그다음이 고용 관계로
14.9%였고, 난민 및 망명자는 13.2%였다. 이들과 같은 영주권자 외
에도 한시적인 거주 비자를 받고 미국에 유입된 이민자들은 점점 늘
어났고, 미국 사회의 다양성을 끌어올렸다.

미국의 이민국적법은 몇 차례의 수정이 있었지만, 1965년에 세워
진 개념은 오늘날까지 유지되고 있다. 이민개혁이나 전체 합법 이민
자 수의 축소가 논의되는 와중에도 '가족 재결합'과 '필요한 기술'을
토대로 이민자들을 받아들이는 현상은 변하지 않았다는 것이다.

무엇보다도 1965년 이민국적법은 미국에서 '건국의 아버지'들이
만들어놓고도 거의 200년간 미국 사회에서 잊혔던 희망의 약속을 성
취했다는 평가를 받고 있다.

미국 초대 대통령을 지낸 조지 워싱턴(George Washington)은 "미국의 품
은 부유하고 존경할 만한 이방인들에게만 열려있지 않다. 모든 나라
와 종교로부터 억압과 박해를 받는 사람들에게도 열려있다"고 말한
바 있다. 미국은 1965년에야 법 개정을 통해 미국이 특혜받는 일부
사람뿐 아니라 모두에게 열려있다는 걸 보여주면서 건국자들의 이
상과 정신을 실현한 것이었다.

출신국에 따른 장벽을 없앤 것은 미국에서 사회의 진보에 대한 믿

음을 심어주었다. 1965년 이민국적법은 누구든 어디서 왔든지 미국에 들어와 새 삶을 시작할 수 있고, 능력과 실력에 따라 성공할 수 있다는 기회를 상징했다. 이것은 이민국가로서 미국 사회의 근간을 형성하는 정신이자 공동체의 구성원을 받아들이는 원칙을 드러내는 것이었다.

미국 정부는 오늘날까지 1965년 이민국적법의 상징성을 중요시하고 있고, 자랑스러워하고 있다. 백악관은 법안이 통과된 지 50주년이 된 것을 기념해 2015년엔 특별 귀화 행사를 열기도 했다. 이날 버락 오바마(Barack Obama) 미국 대통령은 "INA(이민국적법)를 통과시키기 위해 힘을 합친 공화당원들과 민주당원들은 모든 사람에게 기회를 확대하는 한편, 이민자들의 나라로서 우리의 유산에 부응해 살기 위한 갈망에 의해 이끌렸다"고 의미를 설명했다.

1965년 이민국적법은 미국의 개방성을 상징했다. 퓰리처상 수상자인 역사가 테일러 브랜치(Talyor Branch)는 이 행사에 참석해 "지난 50년간 모든 나라의 (귀화) 지원자들에 대한 우리의 개방성은 미국의 면면을 정말로, 그리고 상징적으로 탈바꿈시켰다"고 말했다.

특별 귀화 행사에는 전 세계 13개국에서 온 14명의 새로운 미국인들이 참석해 환영을 받았다. 이들은 미국 사회의 변화를 상징하기 위해 다양한 사람들로 구성됐는데 중국, 파키스탄, 모로코, 필리핀, 에티오피아 등 출신국이 저마다 달랐으며, 기업가, 의사, 간호사, 교사 등 직업도 가지각색이었다. 백악관은 이날 참석한 귀화자 한 명의 다음과 같은 발언을 공개했다.

"모든 사람이 존중받고 동등하게 대우받는 곳에서 산다는 것은 제게 큰 의미가 있어요."

백악관은 이것이야말로 미국이라는 나라가 세워진 건국이념이며, 자신들이 이날 축하하는 이민제도의 주요 요소 중 하나는 '평등을 만들었다는 것'이라고 설명했다.

미국이 1965년 이민국적법을 통해 보여준 개방성은 미국이 전 세계의 수많은 인재를 유치할 수 있게 한 직간접적인 원동력이 됐다. 출신국 차별의 제거를 통한 동등한 기회야말로 수많은 이민자가 미국을 '기회의 땅'으로 인식하고 실제 그곳으로 향한 이유였다.

소수자를
위한
사다리

　　　미국이 이민자들에게 '기회와 희망의 땅'으로 회자
된 것은 단순히 모든 국적의 사람들에게 문호를 개방해서만은 아니
었다.

　미국은 잠재력은 있지만 구조적인 여건으로 인해 충분히 실력을
발휘하고 있지 못하는 사람들을 위한 사다리를 제공해, 개방성과 포
용력을 재차 드러내 보였다. 바로 '차별 철폐 조치(affirmative action)'라고
불린 것으로, 유색인종이나 여성 등 사회에서 비교적 혜택받지 못한
집단의 교육과 고용 기회 확대를 위해 사회정책 등 여러 가지 방식으
로 조치를 취했다.

　미국 사회에서 차별 철폐 조치는 1960년대 시민권 운동의 결과로
등장했다. 역사적으로 배제됐던 집단에 더 많은 기회를 주기 위해 적
극적인 조치를 취하는 것은 '기회의 평등'을 중시하는 미국인들의 신

념과 이상을 반영한 것이었다. 그것은 잠재력을 지닌 이민자들이 역경과 고난 속에서도 '아메리칸 드림'을 꿈꾸게 하는 상징적인 매개가 됐다.

차별 철폐 조치의 기원은 미국의 건국 초기로 거슬러 올라간다.

당시 아프리카에서 미국으로 건너온 흑인들은 노예로 일했다. 건국 초기 많은 지도자는 노예제도가 서서히 사라질 거라고 생각했지만, 남부에서의 사탕수수 및 담배 재배 등 노동집약적인 산업으로 인해 노예에 대한 수요는 증가했다.

노예제도가 미국 전역에서 폐지된 것은 남북전쟁이 일어난 뒤였다. 미국 의회는 1865년 노예제도의 폐지를 천명한 수정헌법 제13조(노예 또는 강제적 노역은 당사자가 정당하게 유죄 판결을 받은 범죄에 대한 처벌이 아니면 합중국 또는 그 관할에 속하는 어떠한 장소에도 존재할 수 없다)를 통과시켰다.

하지만 법 개정은 출발점일 뿐이었다.

오래도록 지속된 노예제도는 이미 미국 사회에 인종차별이라는 깊은 흔적을 남겨놓은 상태였다. 남북전쟁 후에도 흑인들은 백인과 분리됐고, 각종 기회를 거부당했다.

대법원의 판결도 흑인과 백인 간의 분리와 차별을 합법화하곤 했다. 1896년 플레시 대 퍼거슨 사건(Plessy v. Ferguson)이 대표적이다.

이 사건은 1892년 흑인 호머 플레시(Homer Plessy)가 열차에서 인종적으로 분리된 공간에 앉는 것을 거부해 루이지애나 법을 어기면서 시작됐다. 플레시는 자신의 헌법적인 권리가 침해됐다고 주장했지만,

대법원은 그의 편을 들어주지 않았다. 백인과 흑인 간 단순한 법적 차이를 내포한 루이지애나 법이 수정헌법 제13조와 제14조에 위배되지 않는다고 본 것이다.

수정헌법 제14조는 '어떠한 주(州)도 적법절차에 의하지 아니하고는 어떠한 사람으로부터도 생명, 자유 또는 재산을 박탈할 수 없으며, 그 지배권 내에 있는 어떠한 사람에 대하여도 법률에 의한 평등한 보호를 거부하지 못한다'라고 규정하고 있다. 대법원은 이 조항은 사회의 법적이고 정치적인 영역의 평등을 보장할 뿐이며, 각 주가 사회의 분리된 영역에 대해 법안을 제정해 통과시키는 것은 여전히 자유라고 봤다. 인종 분리 정책에 대해 '분리됐지만 평등하다(separate but equal)'라고 판시한 것으로 주어진 기회가 동등하게 규정되면 정부가 학교와 대중교통 등에서 인종 간 분리를 요구하는 것은 자유라는 것이다.

교육 현장에서도 인종차별을 토대로 한 부당한 거절이 종종 발생했다. 프린스턴대에선 1935년 처음으로 흑인 학생인 브루스 라이트(Bruce M. Wright)가 입학했다. 하지만 그가 캠퍼스에 도착하자마자 '알고 보니' 흑인이었다는 게 드러났다. 브루스 라이트는 쫓겨나서 집으로 보내졌고, 당시 전통적인 흑인학교였던 링컨대에 진학했다.

미국의 입법과 사법체계에서 흑인들에 대한 차별은 시간이 지나면서 개선돼 갔다.

대법원은 판결을 통해 교육 현장에서 흑인과 백인 간의 분리를 금지했다. 공립학교에서의 분리를 금지한 1954년 브라운 대 교육위원회 판결(Brown v. Board of Education)이 대표적이다. 당시 대법원은 '분리된 교육시설은 근본적으로 평등하지 않다'고 판시했다.

존 F. 케네디 대통령은 1961년 '행정명령 10925'를 통해 차별 철폐의 정신을 실현했다. 정부가 발주하는 일을 맡은 업자들이 자신들 기업에 고용된 사람들이 인종이나 교리, 피부색, 출신국가에 상관없이 동등한 대우를 받도록 한 것이다.

1964년 제정된 민권법(Civil Rights Act)은 공공장소에서의 차별을 금지해 학교나 다른 공공시설에서의 흑백 통합을 촉진했고, 고용에서의 차별도 금지했다.

하지만 자유를 주고 차별을 금지하는 것이 온전한 공정의 기회가 될 순 없었다. 1965년 당시 전국 학부생의 5%, 법학도의 1%, 의학도의 2%만이 흑인이었다. 그해 린든 존슨 대통령은 하워드대 연설에서 이렇게 말했다.

"자유는 충분하지 않다. 사슬에 몇 년간 두 다리가 묶여 있다가 자유롭게 된 사람을 곧바로 경주의 시작 지점에 데려다 놓고, '이제 당신은 다른 모든 사람과 자유롭게 겨룰 수 있다'고 말했다고 해서 당신이 여전히 완전히 공정했다고 믿지는 않을 것이다. 그러므로 단순히 기회의 문을 여는 것만으로는 충분치 않다. 시민 모두는 이런 문을 통과해 나갈 능력을 가져야 한다."

린든 존슨 대통령은 1965년 '행정명령 11246'을 통해 연방정부와 계약하는 사람들이 고용에 있어서 인종, 피부색, 종교, 출신국에 기반해 차별하는 것을 금지했다. 또 소수자에게 동등한 기회를 주는 것을 촉진하기 위해 차별 철폐 조치를 취할 것을 요구했다. 2년 뒤에는 차별해서 안 되는 항목에 '성별'도 추가했다. 행정명령 11246은 연방정부가 인종차별을 끝내기 위해 여러 가지 노력을 시행하는 전환점이 됐다.

대학에서도 적극적으로 차별 철폐 조치를 취하기 시작했다. 1970년대 대학들은 어떻게 하면 흑인과 여성 입학생을 늘릴 수 있을지 토론했다. 당시 흑인 및 히스패닉(Hispanic, 스페인어를 쓰는 중남미계의 미국 거주민) 학생들은 소수만이 입학을 허가받을 정도의 좋은 성적을 갖고 있었기 때문에 별도의 특별 조치가 필요했다.

수많은 대학은 입학 기준을 바꿔서 더 많은 유색인종이 입학할 수 있게 했다. 물론 그 과정에서 각종 논쟁과 소송도 끊임없이 발생했다.

UC데이비스대 의대는 정원 100명 중 16명을 소수자에게 배정했는데, 백인 지원자 앨런 바키(Allan Bakke)는 소수자 쿼터를 통해 입학한 지원자들보다 성적이 높았음에도 불구하고 1973년과 1974년 입학을 연거푸 거절당했다. 그는 1977년 소송을 제기했고 대법원에서 승소했다.

대법원은 학교가 입학을 허가할 때 교육적인 다양성을 촉진하기 위해 인종을 고려할 수 있지만, 인종 쿼터를 정해놓는 것은 위헌이라고 판시했다. 그것은 모든 사람이 법의 보호를 동등하게 받는 것을 거부하는 것이며, 오로지 인종에 의해 정원 일부를 유색인종에게 할당해 백인을 차별하는 것이기 때문이라고 했다. 인종 쿼터는 위헌적이지만, 인종을 여러 요건 중 하나로 고려해 차별을 시정하고 다양성을 촉진하기 위해 활용하면 합헌일 수 있다는 것이다.

법관 해리 블랙먼(Harry Blackmun)은 차별 철폐 조치에 대해 1978년 이렇게 말했다.

"인종차별주의를 넘어서기 위해서는 우리는 우선 인종을 고려해야 한다. 다른 방법은 없다……. 사람들을 동등하게 대하기 위해서는 우리는 그들을 다르게 대해야 한다."

미국 사회에서 차별 철폐 조치가 발현되는 다양한 방식은 철학적인 질문과 함께 딜레마를 던졌다. 그중 가장 유명한 것으로는 윌리엄 더글러스(William O. Douglas) 법관이 1974년 드퍼니스 대 오데가드 사건(DeFunis v. Odegaard)에 대해 제기한 의견을 들 수 있다.

해당 사건은 워싱턴대 파이 베타 카파회(Phi Beta Kappa, 미국 대학의 우등생들로 구성된 친목 단체) 졸업생 마르코 드퍼니스(Marco DeFunis)가 학교를 상대로 소송을 제기하면서 시작됐다. 당시 워싱턴대 로스쿨은 입학 허가에 있어서 흑인과 인디언, 멕시코계 및 필리핀계 미국인 등의 지원자에게 37개 자리를 배정했는데, 자신은 경쟁할 기회조차 박탈당해 헌법적인 권리를 거부당했다는 것이다.

37개의 쿼터로 입학한 학생 중 36명은 종합점수가 드퍼니스보다 낮았다. 로스쿨에는 비(非)소수자들이 48명 입학했는데, 이들 중 23명은 참전용사였다. 이들의 평균점수 역시 드퍼니스보다 낮았다.

해당 건은 각하됐다. 대법원이 이를 다룰 당시 드퍼니스는 이미 로스쿨 졸업을 앞두고 있었으므로 대학의 입학 정책에 의해 피해를 입은 게 아니었고, 따라서 결정할 게 없다고 판단됐기 때문이다. 하지만 법적인 판결과 관계없이 윌리엄 더글러스 법관은 20페이지에 이르는 의견서를 통해 수많은 차별 철폐 조치에서 마주할 법한 사항에 질문을 던졌다.

윌리엄 더글러스 법관이 주장한 요지는 이렇다.

"우선 의식적으로 인종을 분류하는 것은 대단히 의심스러운 행위이며, 국가에 의해 비례적인 대표를 강제하는 것은 헌법적으로 허용될 수 없다. 미국에는 집단적인 권리가 없고 개인적인 권리만 있기 때문이다. 헌법에 의한 동등한 보호는 인종적인 장벽을 없앨 것을 요구하고 있지, 사회가 어떻게 조직돼야 하는지에 대한 우리의 이론을 충족하기 위해 인종적인 장벽을 만들 것을 요구하는 것은 아니다……."

숫자적인 목표를 달성하기 위해 기준을 낮추는 것은 위험성을 가진다. 분리된 채용 과정은 분리된 교실만큼이나 고정관념과 계급제도를 만들기 때문이다. 그것은 열등함에 대한 낙인이다. 나아가 경쟁에 있어서 특정 인종을 선호하는 것은 평등권을 침해한다.

인종에 따라 특정 그룹을 계산하는 것은 실행이 불가능하기도 하다. 워싱턴대는 소수자 쿼터에 필리핀계는 고려했지만, 중국계나 일본계는 포함시키지 않았다. 설령 이들을 포함시켰다고 하더라도 각 인종 집단이 얼마나 지독하게 차별에 의해 고통받았는지를 평가해 쿼터를 알맞게 배분하는 것은 불가능에 가깝다.

그가 제기한 차별 철폐 조치의 문제점들은 그동안 미국 사회에서 꾸준히 논란이 됐다. 성공한 소수자들이 그 위치에 적합한 능력을 갖추지 못했다는 인식을 강화했기 때문이었다.

미국 하버드대 교수를 지낸 정치경제학자인 흑인 글렌 로리(Glenn C. Loury)는 전문직으로서의 경험에 대해 자신의 성공이 차별 철폐 조치에 의한 것이라는 주변의 인식 때문에 성취가 줄어들었다고 토로한 바 있다. 멕시코계 작가 리처드 로드리게스(Richard Rodriguez)는 스스로를 차별 철폐 조치의 수혜자이자 피해자라고 묘사하기도 했다.

차별 철폐 조치의 모호함에 대한 지적도 제기됐다. 일본계 미국인들은 미국 서부지역에서 극심한 차별에 시달렸지만, 1970년대 하와이에서는 정치계를 장악했고 1980년대 캘리포니아에선 평균소득이 가장 높은 인종 집단에 속했다. 그럼에도 불구하고 과거 차별을 시정한다거나 소수자인 아시아계라는 이유로 차별 철폐 조치를 적용해야 하느냐는 것이었다.

인종에 의해 차별 철폐 조치를 적용하려다 보니 유색인종 간의 차이도 문제로 지적됐다. 예를 들어 이탈리아계 페루인 중산층이 이민을 오면 차별 철폐 조치의 수혜자가 될 수 있지만, 이탈리아에서 온 가난한 이민자는 그 수혜자가 될 수 없다는 것이다. 역사적으로 각 인종이 처한 차별의 수준도 달랐다. 중국인들은 중국인 배제법에 의해 고통받았지만, 역사적으로 흑인에 비해서는 비교적 많은 기회가 주어졌다는 평가를 받았다.

미국에서 차별 철폐 조치는 논란과 법적 분쟁을 무수히 야기했지만, 못지않게 아주 확실한 효과가 있었다. 소수자들이 잠재력을 발휘할 수 있는 실질적인 기회를 줬다는 것이다.

흑인들의 경제적인 진보는 대부분 1960년대 시작된 차별 철폐 조치에서 비롯됐다. 1960년에서 1970년 사이 정부에 고용된 노동자 중 흑인의 비율은 13.3%에서 21.4%로 증가했는데, 이것은 정부의 강력한 차별 철폐 조치에 기반한 채용 노력 때문이었다. 대학에서도 흑인 학생들을 모집하기 위해 노력했고, 그 결과 대학에 등록한 흑인 학생들의 수는 1966년에서 1974년 사이에 34만 명에서 81만 4,000명으로 늘었다.

민간 부문에서도 차별 철폐를 위한 활동이 왕성하게 일어났다.

포드 재단(The Ford Foundation)은 흑인과 히스패닉을 모집하고 교육을 촉진하기 위한 다양한 프로그램을 시행했다. 로버트 우드 존슨 재단(The Robert Wood Johnson Foundation)은 뛰어난 학문적·임상적 능력을 갖추고 의학과 생물의학을 연구하는 데 커리어를 헌신하고 싶어 하는 소수자들을 위해 4년간의 박사 후 연구 펠로우십 과정을 제공했다.

차별 철폐 조치는 사회 곳곳에서 다양한 방식으로 발현됐다. 그것은 문서화된 정식 프로그램, 특별한 직원들이 수행하는 계획, 스스로 달리 행동하기로 결심한 매니저 한 명의 행동 등으로 나타났다. 이런 조치를 적용한 회사나 학교들이 모두 다양성을 이루기 위한 정부의 지시를 받아 실시한 것은 결코 아니었다. 정부는 차별 철폐 조치를 촉진하긴 했지만, 어떻게 시행되는지 세밀하게 관리 감독을 하진 않았다. 민간이건 공공이건 대부분 이런 조치는 개별 일터와 학교의 자유재량에 달려 있었다.

차별 철폐 조치는 점점 퍼져나갔다. 회사는 경영진의 지위에 오로지 백인 남성들만 승진시키던 관행을 타파하기 위한 방법을 모색했다. 대학 입학처는 소수의 흑인 학생들을 겉핥기식으로 찾는 것을 넘어서 신입생 중 흑인의 숫자를 끌어올리기 위해 적극적으로 탐색했다.

차별 철폐 조치는 특정 직업이나 학교에서 소수자들이 배제돼 온 현상을 끝내고 그 장벽을 무너뜨리기 위한 것이었다. 특정 인종이나 성별을 가진 집단들의 교육과 고용 수준을 높여 이들의 빈곤을 줄이기 위한 것이기도 했다. 하지만 동등한 결과를 보장하기 위한 것은 아니었다. 만약 기회의 균등이 현실이라면 흑인과 여성, 장애인, 차별에 직면한 그 외의 집단이 국가의 노동력과 교육기관에서 공정하게 대표돼야 한다는 생각에 근거한 것이었다.

차별 철폐 조치는 미국이 인종차별이라는 과오를 딛고 소수자들을 주류 사회에 통합시키는 데 비교적 성공적인 이유로 해석되고 있다. 최고의 대학과 기업, 정부기관에 존재하는 많은 소수자는 미국이 인종 관계에 있어서 진일보한 발전을 이뤘다는 증거로 평가받는다. 이것은 미국이라는 나라가 다양한 이민자들을 지속적으로 받아들여 사회에 성공적으로 통합시킬 수 있는 능력을 가졌다는 증거로 칭송되고 있다.

미국에서 교육이나 고용에 있어서 인종 간 차이가 줄어들고 있다는 것은 통계적으로 나타나고 있다. 미국 퓨리서치센터(Pew Research Center)가 미국 인구조사국(Census Bureau) 자료를 인용해 발표한 내용에 따르면 18~24세 미국인 중에 고등학교를 중퇴한 사람의 비율은 1993년엔 백인 9%, 흑인 16%, 히스패닉 33%로 간격이 컸다. 하지만 2014년엔 이 비율이 백인 5%, 흑인 7%, 히스패닉 12%로 그 간격이 좁혀졌다.

물론 미국에서 유색인종이나 이민 2세대 아이들이 모두 좋은 교육을 받고 괜찮은 직장에 다니는 것은 아니다. 미국 내에서도 젊은 세대의 삶의 양상은 극명히 대비되고 있다. 특히 푸에르토리코 출신 이민자나 흑인의 자녀들은 상당수가 아시아계와 같이, 비교적 성공적인 이민 2세대 그룹들보다 교육을 적게 받고 고용의 질도 떨어지곤 한다.

그럼에도 불구하고 차별 철폐 조치는 이민자의 나라로서 미국의 발전에 분명한 기여를 했다. 이것은 단순히 입학 혹은 채용 정책이 아니라, 사람들의 인식과 사회가 진보해나가는 '과정'이기도 했기 때문이다. 이를 통해 대학들은 기존에는 충분히 대표되지 못했던 집단의 학생들이 지원하도록 권유했고, 좋은 대학에 지원하는 소수자들의 수를 늘렸다.

또한 차별 철폐 조치는 극심한 인종 갈등을 겪어온 사회를 치유하는 매개가 되기도 했다. 이 조치의 수혜를 입어 교육을 마친 흑인들은 윗세대보다 더 좋은 직업을 얻고 풍요로운 삶을 살 수 있었다. 인종 간 통합된 학교에서 공부한 흑인들은 더 많은 사회적인 기회를 얻었고, 백인들과 함께 다니는 직장에서 일하고 백인들과 소통할 가능성이 높았으며, 인종적으로 다양하게 구성된 이웃들 사이에서 살 가능성이 높았다. 이들은 또 분리된 환경에서 자란 사람들보다 백인 동료들과 관리자를 더 긍정적으로 평가하는 경향도 있었다.

차별 철폐 조치는 사회에서 뒤처졌던 집단이 빠른 시간 내에 주류 사회에 진입하도록 하면서 미국이 차별과 억압의 역사를 딛고 일어서도록 했다. 이것은 흑인이나 여성뿐 아니라 다양한 이민자들이 주류 사회에 진입해 사회 발전에 기여하도록 했다. 다양한 사람들 사이에서 효과적으로 일하는 법을 터득하는 것은 주류 사회 구성원들에게도 소중한 자양분이었다.

무엇보다도 차별 철폐 조치는 발전에 대한 희망을 낳았다. 1984년 미국 CBS 뉴스 설문조사에서 흑인 유권자 응답자의 39%는 대부분

의 백인이 인종적인 평등을 원한다고 믿는다고 답했다. 그리고 72%
는 '민주당이 30년 안에 흑인 대통령을 지명할 것이다'라고 답했다.

그로부터 25년이 지난 2009년, 버락 오바마는 미국 최초의 흑인
대통령이 됐다. 미국인들은 '기회의 추(錘)'를 균형 있게 하는 사회의
진보를 믿었고, 그것은 실제로 실현됐다.

과거보다는
미래

       미국에서 차별 철폐 조치가 시행됐지만, 여전히 유색인종의 낮은 교육수준과 실업, 빈곤문제는 심각하다. 많은 유색인종은 미국에서 제도적인 차별은 사라졌을지 모르지만, 보이지 않는 차별과 유리천장은 존재한다고 말한다. 그럼에도 불구하고 오늘날 수많은 유색인종이 '아메리칸 드림'을 품고 그곳으로 향하는 이유는 무엇일까?

   그것은 바로 '발전 가능성' 때문이다.

   우리에게 잘못된 과거가 있다고 해서 건설적인 미래로 나아갈 수 없다면, 지구 상에 제대로 된 사회를 형성할 수 있는 나라는 한 곳도 없을 것이다. 치부로 인식되는 부끄러운 과거가 있다는 것이 미래로 나아가는 여정이 지속적인 비난을 받아야 할 이유가 될 순 없다. 과거의 잘못과 현재의 부조리는 얼마든지 시정되고 발전적으로 승화

될 수 있다는 것이다.

미국이 이민강국으로 발전할 수 있었던 것은 이민의 역사에서 수 많은 과오가 존재했고 지금도 그로 인한 그림자가 남아있지만, 미래 를 향해 끊임없이 전진했기 때문이었다. 미국은 사회 각 분야에서 굉 장히 차별적이었지만, 점차적으로 굉장한 진보를 이뤄냈다.

일례로 미국의 저명한 대학들은 초창기에는 백인 기독교인들로 가득 차 있었다. 특히 엘리트 사립대학에서는 유대인과 흑인 학생들 의 수를 제한하고 있었다. 하지만 1980년대 초에는 유대인과 아시아 인 학생들이 주요 대학에서 차지하는 비중이 그들이 전체 미국 인구 에서 차지하는 비율보다 훨씬 높은 수준에 이르렀다.

프린스턴대는 1920년대부터 유대인 신입생 수를 제한하는 쿼터를 두고 있었지만, 1950년대엔 지원자들에게 던졌던 종교 관련 질문 항 목을 삭제했다. 1980년대엔 '프린스턴대에서의 유대인 생활(Jewish Life at Princeton)'이라는 브로슈어를 제작해 유대인 젊은이들이 지원하도록 유도했으며, 1988년엔 유대인 해럴드 샤피로(Harold Shapiro)를 총장으 로 선출하기도 했다. 다트머스대도 1960년대엔 유대인의 입학 허가 를 제한하는 쿼터를 두고 있었지만, 1987년엔 유대인 제임스 프리드 만(James O. Freedman)을 총장으로 선출했다.

하버드-래드클리프대(Harvard-Radcliffe, 하버드대는 명문여대인 래드클리프대와 합 병돼 지금의 하버드대가 됐음)는 1984년 신입생 모집 브로슈어에 한 학생의 사진만 게재했는데 그는 아시아계 미국인이었고, 1986년엔 하버드대에 입학하는 학생 10명 중 1명이 아시아계였다. 그로부터 2년 뒤, 하버드대에서 아시아계 학생들의 비중은 15%로 높아졌다. 같은 해 아시아계 학생의 비중은 스탠퍼드대에서는 19%, UC버클리대에서는 27%로 더 높게 나타났다.

대학에서 흑인과 히스패닉 학생들은 아시아인 학생들만큼 많진 않았지만, 역시 급격하게 늘어났다. 대학에 등록한 히스패닉 학생 수는 1972년에서 1980년 사이 25만 명에서 50만 명으로 두 배가 됐으며, 1984년에는 흑인 학생 5명 중 최소한 4명이 기존에 주로 백인들이 다녔던 대학에 다니게 됐다.

유리천장을 깨는 흑인들도 속속 등장했다.

1968년엔 엘리자베스 덩컨 쿤츠(Elizabeth Duncan Koontz)가 흑인 여성으로서는 처음 미국 교육협회(National Education Association) 회장 자리에 올랐다. 1977년엔 흑인 소설가 알렉스 헤일리(Alex Haley)가 『뿌리(Roots, 1976)』라는 작품으로 퓰리처상을 받았고, 1978년엔 파예 와틀톤(Faye Wattleton)이 흑인 여성으로서는 처음 미국가족계획연맹(Planned Parenthood Federation of America) 회장으로 선출됐다. 1979년엔 당시 세계에서 가장 큰 재단이던 포드 재단에서 프랭클린 토마스(Franklin Thomas)가 흑인으로서는 처음 회장 자리에 올랐으며, 1983년엔 바네사 윌리엄스(Vanessa Williams)가 흑인 여성으로서는 처음 미스 아메리카에서 우승했다.

이 밖에 흑인들이 미국 사회의 여러 분야에서 두각을 나타낸 사례는 너무나 많아서 일일이 열거할 수 없을 정도다. 흑인 가수 마이클 잭슨(Michael Jackson)은 모든 배경을 가진 수많은 미국인의 영웅이 됐다. 콜린 파월은 흑인으로서는 처음 1989년 미국 합동참모본부(Joint Chiefs of Staff) 의장을 지낸 뒤, 2001년 국무부 장관 자리에 올랐다. 콘돌리자 라이스(Condoleezza Rice)는 흑인 여성으로서는 처음으로 2001년 백악관 국가안보 보좌관, 2004년 국무부 장관에 올랐다.

사회 각 분야에서 빼어난 실력을 발휘하는 흑인들이 많아지면서 흑인들에 대한 인식도 개선되기 시작했다. 1958년 갤럽(Gallup) 여론조사에서 미국인들의 절반은 흑인 후보자에게 표를 주지 않겠다고 답했지만, 1984년 같은 답을 한 사람의 비율은 16%로 줄었다. 2007년에는 〈뉴스위크(Newsweek)〉 여론조사에서 단 4%만이 흑인에게 표를 주지 않겠다고 답했다.

누군가가 편견과 고정관념을 깨고 '해낼 수 있다'는 걸 보여주는 것은 사회의 진보에 있어서 신호탄이 된다. 미국의 언론인 그웬 이필(Gwen Ifill)은 저서 『The Break Through(돌파구)』에서 오바마 대통령의 선거 캠페인 전략담당자 데이비드 액설로드(David Axelrod)로부터 대선 승리 이후 이런 말을 들었다고 밝혔다.

"사람들이 이전에 한 번도 하지 않았던 일을 하면, 그다음 번에는 (그 일이) 더 쉬워진다. 그러니 사람들이 흑인 후보자에게 투표하면, 그다음 흑인 후보자에게 투표하는 것은 더 쉬워진다고 생각한다."

미국이 인종 문제에 있어서 이렇게 놀라운 발전을 이룬 비결은 무엇일까?

그곳은 인종 문제를 겪어보지 않은 채 자유와 평등을 머리로 배워 체득한 나라가 아니라, 뿌리 깊은 인종차별의 역사를 몸소 체험한 나라였다. 어느 나라나 과거의 유산으로부터 자유롭기란 극히 어렵다. 흑인 차별이 극심했던 사회가 고작 수십 년 뒤에 사회 각 분야에서 흑인 지도자들을 배출할 수 있었던 저력의 근원은 무엇이었을까?

미국에는 '지나간 과거'보다 '다가올 미래'를 중시하는 기풍이 흐르고 있었다. 그곳에 뿌리내린 문화는 과거를 개탄하거나 혹은 영예롭게 여기는 데 그치는 게 아니었다. 미래를 향해 끊임없이 전진하고 나아가는 것이야말로 진짜 중요한 것이었다. 고인 물처럼 멈춰있지 않고, 살아있는 생명체처럼 새로운 것을 흡수하며 진화해야 한다는 것이다.

미국인들은 과거 역사에 대해 정신적인 연결성을 크게 느끼지 않는 것으로 알려져 있다. 미국은 미래를 위해 과거를 떠나온 이민자들에 의해 형성된 나라다. 그 구성원들에게는 과거를 이야기하고 그것에 천착하는 것보단 다가올 나날들이 더 중요했다.

프랑스 출신 이민자인 미국의 저널리스트 알렉산더 쿠구셰브(Alexander Kugushev)는 저서 『Resilient America(회복탄력적인 미국)』에서 이 같은 기풍을 "역사에 대한 무시와 과거에 대한 거부"라는 문구로 설명했다. 그는 책에서 많은 미국인이 갖고 있는 생각을 이렇게 표현했다.

"나는 새로운 세계에서 나와 개인적으로 무관한 역사엔 관심이 없다. 나의 새로운 삶은 내가 건설하는 이상적인 미래를 쥐고 있기 때문이다."

역사적으로도 미국인들은 과거에 집착하지 않고, 미래를 내다보는 데 열중해왔다. 미국의 제6대 대통령을 지낸 존 퀸시 애덤스(John Quincy Adams)는 이민자들에게 과거가 아닌 미래를 내다볼 것을 조언하며, 다음과 같이 말한 바 있다.

"그들은 선조들을 향해 뒤를 돌아보기보다는 후세대를 향해 앞을 봐야 한다."

미국 사람들이 흔히 하는 말도 "미국은 우리가 현재 위치해 있는 것이 아니라, 우리가 되고 싶어 하는 그 무엇"이라는 것이다. 이는 미래에 대해 현실보다 더 유토피아적인 환상을 갖고 자신의 희망과 이상을 투영해 삶을 바라보는 방식이자 문화였다.

설령 과거사의 잔재로 인해 인종 문제가 발생하더라도, 미국의 지도자들은 과거에 대한 규탄보다는 미래를 위한 대안을 강조해왔다. 2014년 미국 미주리 주 퍼거슨 시에서 10대 흑인 청년 마이클 브라운(Michael Brown)이 백인 경찰의 총격으로 사망한 뒤, 경찰 당국이 해당 경찰관의 신원을 공개하지 않고 공무 휴직 처리한 이후에도 이 같은 모습을 엿볼 수 있었다. 당시 분노한 흑인들이 주(州) 곳곳에서 해당 경찰의 신상 공개와 처벌을 요구하면서 소요 사태가 일어났다. 하지만 첫 흑인 대통령인 오바마는 사태 직후 시카고에서 연설하며 이렇게 말했다.

"우리가 또한 본 것은, 물론 미디어로부터 많은 관심을 받진 않았지만 굉장히 많은 평화 시위도 있었다는 사실이다. 시카고, 뉴욕, LA 등에서 젊은 사람들이 조직을 만들고 사람들이 어떻게 이 상황을 바꿀지, 법 집행과 이런 지역사회 간에 신뢰를 쌓기 위해 어떻게 해야 할지 진짜 대화를 하기 시작했다는 것이다. 그리고 이것은 지금 필요한 대화다……. 나는 건설적으로 앞으로 나아가는 사람들, 사람들을 모으고 조직하고 이 상황을 개선하기 위해 어떻게 해야 하는지 어렵고 중요한 질문을 던지는 사람들, 이런 사람들이 대통령이 그들과 함께 일할 것이라는 사실을 알길 원한다."

미국인들에게는 '지금까지 어떻게 했는지'보다는 '앞으로 어떻게 해야 할지'가 더 중요했다. 이것이야말로 때때로 극심한 갈등이 일어나지만, 극복하고 발전과 진보를 이뤄낼 수 있게 한 원동력이었다. 미국은 그렇게 부조리와 차별을 제거하며 미래를 건설해나갔다.

미국 사회가 각종 역경에 부딪혔을 때 뒤로 물러서는 대신 앞으로 나아가게 한 것은 '할 수 있다'는 긍정주의였다. 많은 미국인에게 과거의 실패나 실망은 현재를 규정하지 못했다. '할 수 있다는 정신(can-do spirit)'은 미국 사회에 깊이 스며들어 있었다.

미국의 흑인 배우 빌 코즈비(Bill Cosby)는 정신과 의사 앨빈 포새인트(Alvin F. Poussaint)와 공동집필한 저서 『Come On, People(컴온, 피플)』에서 이렇게 말했다.

"가난한 흑인들이 고군분투하는 많은 이슈는 인종과 관계없이 미국의 가난한 사람들이 겪는 것과 비슷하다. 가난한 사람은 대부분 자원이 부족해 어려움을 겪는다. 그들은 필요한 것을 얻기 위한 힘이 부족하다. 그들은 공동체로서 함께 협력하며 의미 있는 정치적인 영향력을 행사할 능력이 부족하다. 그들은 좋은 학교나 건강보험, 그리고 최저생활임금(living wage)을 제공하는 직업 기회에 접근하기 어렵다. 그 결과, 특히 현존하는 기회를 활용할 수 있는 기술을 취득하지 못한 가난한 흑인들에게 현실적으로 일자리 기회의 공급이 제한된다. 변명이 아니다. 단순히 뛰어넘어야 할 장애물들이고 뛰어넘을 수 있는 것이다. 사람들은 그것들을 항상 뛰어넘는다."

많은 미국인은 삶의 모든 상황을 '변화와 발전'을 위한 기회로 인식했다. 이것은 삶을 미지의, 개방된 것으로 인식하면서 누군가의 상황이 영구적이거나 불변의 것이라는 인식을 거부하는 것이었다. 이것은 새롭고 다른 것, 그리고 모든 가능성과 결과에 대해 수용적인 태도를 낳았고, 자신을 둘러싼 환경을 더 나아지게 만드는 것에 관심을 갖도록 했다.

이라크 해방작전(Operation Iraqi Freedom) 의무병 출신인 댄 스미(Dan Smee)와 인도 출신 이민자 부모를 둔 쇼바 스리니바산(Shoba Sreenivasan)이 공동집필한 저서 『Totally American(완전히 미국인)』을 보면 이런 미국 사회의 분위기가 다음과 같이 드러난다.

"평범한 미국인이 성취를 해낼 수 있을까? 답변은 '그렇다'이다. 우리가 이것을 어떻게 아는가? 미국인들은 긍정주의자들이다. 미국인들은 행동가들이다. 우리는 내재적으로 누구든 어느 때든 성취할 수 있다고 믿는다. 우리가 가장 사랑하는 미국인들의 이야기는 어려움을 인내하고 극복하는 약자들의 이야기다. 왜 그런가? 우리는 회복탄력성을 믿기 때문이다. 우리는 '할 수 있다'는 태도를 믿는다. 우리는 당신이 '누구였는지'가 당신이 '누구인지'와 '어떤 사람이 될지'를 규정할 필요는 없다고 믿는다. 성공은 언제나 가능하다. 그리고 이것은 금전적으로나 자선적으로, 관계에 있어서 영적인 삶에 있어서 등 다양한 방식으로 올 수 있다. 우리 미국인들은 다양성을 가치 있게 여긴다. 비록 다름을 수용하는 길은 울퉁불퉁했지만, 이 나라는 항상 시민들로 하여금 만족스러운 삶을 살 수 있는 모든 기회를 주는 사회를 갖도록 하기 위해 진보해왔다……. 우리는 전진하고 있고 새로운 것을 시도하고 새로운 삶의 방식을 발견한다."

미국 사회를 휘감은 아메리칸 드림도 이 같은 미래지향적인 긍정주의를 반영한 것이었다. 즉 미국에 온 이민자들도 다가올 미래에 대한 긍정과 희망에 매료된 사람들이었다. 인도 출신의 미국인 작가 디네시 디수자(Dinesh D'Souza)는 저서 『What's So Great About America(미국이 어떤 점에서 훌륭한가)』에서 이런 이민자들의 특성에 대해 다음과 같이 말했다.

"이민자들은 과거의 어려움을 생각하는 데 많은 시간을 쓰지 않는다. 그들의 시선은 미래에 단단히 고정돼 있다. 그들은 교육과 기업가정신이 미국에서 성공하기 위한 가장 빠른 사다리라는 것을 인식한다……. 그 여정에는 다양한 장애물이 있지만, 이민자들은 자신이나 자녀들이 필연적으로 그 사슬을 끊을 수 있다는 희망에 의해 살아가며 아메리칸 드림을 추구한다."

미국이 지속적으로 이민자들을 받아들이며 발전할 수 있었던 것은 사회구성원들이 전반적으로 공유하고 있었던 미래지향성 때문이었다.

어느 사회에나 다양한 사람들이 모여 살다 보면 차별과 갈등 등 문제점은 끊이지 않고 발생한다. 미국도 마찬가지였고, 앞으로도 그러할 것이다. 하지만 미국 사회를 구성하는 많은 사람은 과거에 발목 잡히기보다는 문제를 어떻게 해결하고, 미래를 어떻게 건설할지에 더 많은 관심을 두면서 사회를 발전시켰다. 그것이야말로 수많은 이민자가 아메리칸 드림을 가진 이유였고, 미국이 이민강국이 된 토양이었다.

2 ——————— 하나가

되게 하는

이상

이민국가의
사회적
합의

미국은 공식적으로 '이민국가'를 표방하고 있고, 이에 대한 사회적인 합의도 존재한다.

전 세계 상당수의 미국 대사관은 웹사이트에서 미국을 소개하면서 '이민자들의 나라(A Nation of Immigrants)'라는 제목의 글을 게시하고 있다. 그 글엔 '황금의 문(The Golden Door)'이라는 부제하에 다음과 같은 설명이 따른다.

"미국 역사상 최초의 유럽 이민자들은 영국과 네덜란드 출신이었다. 이후 풍부한 경제적 기회와 종교 및 정치적 자유에 대한 소문에 이끌린 이민자들이 여러 나라에서 미국으로 몰려들기 시작했으며, 1892년에서 1924년 사이에는 그 수가 최고조에 이르렀다."

이민국가에 대한 사회적인 합의는 미국 사회 곳곳에서 발견되고 있다.

미국의 6월은 '이민자 유산(遺産)의 달(Immigrant Heritage Month)'로 지정 돼 있는데, 이민자들이 공유하고 있는 미국적인 유산과 다양성을 축하하는 기간이다. 백악관 웹사이트는 이민자 유산의 달을 설명하면서 그 배경에 대해 아래와 같이 덧붙이고 있다.

"미국의 경이로운 것 중 하나는 우리 가족 중 거의 모든 사람은 원래는 다른 곳에서 왔다는 사실이다. 이민은 이 위대한 국가가 갖고 있는 DNA의 일부다. 이것은 우리 힘의 근원이며 우리가 자랑스러워하는 것이다. 그것이 우리가 이민자 유산의 달 기간에 여러분들이 자신의 미국 이야기를 공유하는 것을 권장하는 이유다."

백악관은 웹사이트 방문자 본인이 이민자이거나 선조들이 이민자인 경우 자신 또는 가족들이 어떻게 미국에 오게 됐는지를 공유할 것을 권유하고 있다. 이민자로서의 배경을 구성원들의 자랑스러운 뿌리로 인식하고, 이를 존중하는 분위기를 엿볼 수 있다.

이민은 굉장히 개인적인 경험이지만, 미국에서는 공동체를 관통하는 감성적인 주제로 통용된다. 미국인 대부분의 가족사에 이민이 포함돼 있기 때문이다. 미국인들은 이민을 종종 낭만적으로 묘사하는데, 이런 시각은 대부분 자신의 경험에서 비롯된 것이다.

아울러 미국인들은 자신들의 나라를 이민자의 나라로서 특별한 곳이라고 인식하고 있다. 미국인의 뿌리가 이민자이며, 미국의 역사가 이민의 역사이기 때문이다. 미국의 역사학자 오스카 핸들린(Oscar Handlin)은 유럽에서 온 미국의 이민자들을 다룬 저서 『The

Uprooted^(뿌리째 뽑힌 사람들)』에서 다음과 같이 기술한 바 있다.

"나는 미국 이민자들의 역사에 대해 쓰려고 생각한 적이 있었다. 그리고 나는 이민자들이 미국의 역사였다는 것을 발견했다."

존 F. 케네디 대통령은 저서 『A Nation of Immigrants^{(이민자들의 나}라)』에서 위 문구를 소개하며 다음과 같이 말하기도 했다.

"이런 점에서 우리는 미국에서 특정한 '이민자들의 기여'에 대해 정말로 말할 수가 없는데, 왜냐면 모든 미국인이 이민자이거나 이민자들의 후손이기 때문이다……. 이전에 말했듯이 심지어 인디언들도 미국 대륙으로 이주했다. 우리는 미국에 뿌리를 둔 사람들이 더 오래됐는지 새로 왔는지를 말할 수 있을 뿐이다. 그래도 이민의 물결은 미국 사회에 각자의 흔적을 남겼다; 각자는 나라를 세우고 미국 생활을 진화시키는 데 눈에 띄는 '기여'를 했다."

물론 미국인 중에서는 이민자들을 환영하는 사람도 있고 그렇지 않은 사람도 있다. 이민자들에 대한 시각과 분위기는 경제 상황이나 사회 이슈에 따라 시시각각 변하기도 했다.

하지만 미국 정부와 사회가 지금껏 공식적으로 내세워온 것은 미국이 이민자들의 나라라는 것, 그리고 열심히 노력해 더 나은 삶을 살고자 하는 이민자들을 환영한다는 것이다. 이런 분위기는 미국이 이민국가라는 사회적인 합의가 일찍이 존재했기 때문에 가능한 것이었다.

미국 사회는 이민자들이 유입되는 것을 자연스러운 국가적인 전통으로 인식하고 있다. 그리고 이민자들이 사회구성원으로서 공동체를 풍요롭게 한다는 것에 공감하고 있다. 이것이야말로 미국이 이민강국으로 발전할 수 있었던 근원이자 출발점이었다.

심지어 미국 정부는 이민자들이 국가 정체성을 형상하는 데 있어서 어떤 긍정적인 기여를 했으며, 이들이 사회에 어떻게 좋은 영향을 미치는지를 대외적으로 알리고 있다. 각국 미 대사관 웹사이트들은 국무부 IIP(International Information Program, 국제 정보 프로그램) 간행물 및 기타 정부 자료를 인용해 '이민자들의 나라'가 남긴 긍정적인 유산에 대해 다음과 같이 설명하고 있다.

"지속적인 이민 유입은 미국이라는 나라의 독특한 성격에 깊은 영향을 미쳤다. 자신의 모국을 떠나 새로운 나라에서 살아가기 위해서는 용기와 융통성이 필요하다. 미국인들은 위험을 감수하고 새로운 일을 시도하려는 성향과 독립성, 낙관주의로 알려져 있다. 미국에서 조상 대대로 살아온 기간이 길수록 물질적 풍요와 정치적 자유를 당연시하는 성향이 강하며, 이민자들은 그러한 특권의 중요성을 가까이서 보고 느낄 수 있다.

이민자들은 자국의 문화를 통해 미국 사회를 더욱 풍요롭게 하기도 한다. 오늘날 상당수의 미국 흑인들은 크리스마스와 아프리카의 의식에서 유래한 축제인 콴자(Kwanzaa)를 기념한다. 히스패닉계 미국인들은 5월 5일을 신코 데 마요(Cinco de Mayo)라고 하여 길거리 장터와 다양한 행사를 통해 전통을 유지하고 있다. 또한 미국 도시에는 다양한 민족 식당들이 성업하고 있다. 그 자신이 아일랜드 이민자의 손자였던 존 F. 케네디 대통령은 이러한 신구(新舊)의 융합에 대해 언급하면서 미국을 '평등한 입장에서 새로운 삶을 시작한 이민자들의 나라'로 지칭하고 '이것이 새로운 개척지로의 탐험을 두려워하지 않는, 오랜 전통의 선명한 기억을 갖춘 사람들의 국가인 미국의 비밀이다'라고 결론 내렸다."

이민자들은 미국인들이 좋아하는 자유와 독립성, 용기, 융통성, 풍요, 긍정주의, 다양성과 같은 요소들을 갖고 새로운 나라에 도착했다. 미국은 이들을 받아들이고 특성을 계승해 자양분으로 삼았으며 이민국가로서 진화를 거듭해온 것이다.

미국에서 이민자들을 '받아들일 것이냐, 받아들이지 않을 것이냐'는 것은 논쟁의 대상이 아니었다. 범죄자나 테러리스트가 아닌, 열심히 일해 사회에 기여하는 이민자들을 받아들여 국가를 더욱 부강하게 만드는 것은 당연시됐다. 진짜 논의의 대상은 '누구를 얼마나 받아들이고, 어떤 시스템을 통해 공정한 이민 정책을 만들 것이냐'였을 뿐이었다.

UC얼바인대 교수 루이스 데시피오(Louis DeSipio)와 컬럼비아대 교수 로돌포 데 라 가르자(Rodolfo O. de la Garza)가 공동집필한 저서 『US Immigration in the Twenty-First Century(21세기의 미국 이민)』를 보면 이

민자 유입을 둘러싼 미국 사회의 분위기가 이렇게 설명돼 있다.

"미국 역사 내내 시민들과 지도자들은 이민자들을 받아들였고, 칭송했고, 공경했다. '이민자들의 나라'라는 상징적인 개념은 미국의 신화와 함께 화려하게 휘감겼다."

물론 미국에서 이민이 무조건적으로 축복받는 크리스마스 선물마냥 여겨진 것은 아니다. 이민은 다루기 힘든 '양날의 칼'로 인식됐다. 불법 이민이나 테러와 같은 문제도 발생하지만, 잘 활용하면 국가 발전에 큰 도움이 된다는 것이다. 그러니 항상 '어떻게 제도를 정비할 것이냐'가 뜨거운 감자였고, 정부와 민간에서 치열한 토론 거리가 돼왔다.

미국에서 이민에 대한 사회적인 논의기구인 이민개혁위원회 (Commission on Immigration Reform)가 출범한 것도 그런 이유에서다. 위원회는 연방 상원의원을 지낸 아프리카계 미국인 여성 바버라 조던(Babara Jordan)이 1994년, 빌 클린턴(Bill Clinton) 대통령의 지명에 따라 이끌었다. 위원회에서도 이민은 전제조건이자 인정해야 할 현상이었다. 위원들은 '이민은 여러 가지 중요한 방식으로 미국적인 가치를 상징한다는 것'에 대해 합의하고 있었다. 이들은 이민의 적합한 수준에 대해서는 의견이 달랐지만, 이민이 미국의 국가적인 이익이라는 점에는 이견이 없었다. 이민에 대한 '애정 어린 관심'이 논의의 출발점이었던 것이다.

미국에선 열심히 일해 성공하려는 의지를 가진 사람들의 합법적인 이민에 대해서는 광범위한 합의점이 존재했다. 능력과 의욕이 있고 노력하는 외국인들의 합법적인 이민에 대한 열망을 무작정 반대하는 사람은 찾아보기 어려웠다. 대다수 사회구성원은 뿌리가 이민자이거나 이민자의 후손이고, 또 이민자들이 사회에 기여해온 것을 알고 있었기 때문이다.

물론 미국에서도 정부나 시민사회가 이민 현상이나 이민자들을 적대시하고 제한한 일이 종종 발생해온 것은 사실이다.

역사적으로는 1798년 '외국인 및 선동법(Alien and Sedition Acts)'을 대표적으로 꼽을 수 있다. 당시 대통령이었던 존 애덤스(John Adams)가 이 법안에 서명을 했는데, 미국 시민권 취득에 필요한 거주기간 요건을 5년에서 14년으로 늘리도록 한 게 주요 내용이었다. 또한 대통령이 '미국의 평화와 안전을 위협하는 것으로 간주되는' 이방인을 수감하거나 쫓아내는 것을 허용했는데, 이 같은 조항은 정치적으로 반대 성향을 가진 이민자들을 탄압하는 수단으로 활용됐다.

소위 '아무것도 모르는 당(Know-Nothing Party)'도 반(反)이민 정서로 유명하다. 이들은 미국 정치에서 1850년대에 표면화되기 시작했는데, 정당으로서의 지형을 물으면 "나는 아무것도 모른다(I know nothing)"고 대답한 데서 이름이 붙여졌다. 이 조직은 아일랜드 감자 기근(1845~1851년)으로 인해 아일랜드 출신 이민자들이 미국으로 많이 건너오자 이민배척주의자들의 감정이 점점 더 퍼지면서 생겨났다. 조직

구성원의 대다수는 중산층이자 노동계급이었는데, 이들은 아일랜드로부터 이민자들이 대거 들어옴으로 인해 미국 내에서 구직 경쟁이 더욱 치열해지는 것을 염려했다.

이렇게 미국 역사에서 반(反)이민 정서가 때때로 출몰해 종종 다수의 지지를 얻었음에도 불구하고 이민에 대한 맹목적인 반대는 오래 지속되지 않았다. '이민자의 나라'라는 사회적인 합의가 '이민을 제한하자'는 의견과 정서를 늘 압도했다는 것이다.

물론 2001년 9·11테러 이후, 미국 정부는 테러에 대한 경계를 강화하며 이민행정 전반을 보다 엄격히 관리해왔다. 국경 제한을 강화했고, 외국 학생들에 대해 더 면밀한 모니터링을 했으며, 인종적·종교적인 자료를 수집했다. 그럼에도 불구하고 이민국가라는 개념과 이민자들을 필요로 하는 강력한 시장의 힘은 이민자 유입을 늘리는 동력이 됐다.

글로벌 경쟁이 더욱 치열해지면서 미국에서 이민국가에 대한 합의는 더 굳건해지고 있다.

2002년부터 2013년까지 뉴욕 시장을 지낸 마이클 블룸버그(Michael Bloomberg)는 재직 당시인 2011년 〈월스트리트저널(Wall Street Journal)〉에 '새로운 이민 합의(A New Immigration Consensus)'라는 글을 기고했다. 기고문은 이민개혁에 대해 이야기하면서 기업가 비자 신설의 필요성을 다뤘는데, 미국에서 왜 이민국가에 대한 합의가 존재하는지를 엿볼 수 있다. 기고문 일부를 소개하자면 다음과 같다.

"글로벌 경제에서 세계 최고의 명석한, 가장 열심히 일하는 사람들을 끌어오는 국가가 성장하고 성공할 것이다. 그들의 입국을 거절하는 국가는 성공하지 못할 것이다. 미국은 오래도록 이 점을 이해하고 있었다. 우리가 이민자들에게 문을 열지 않았다면 글로벌 슈퍼파워가 될 수 없었을 것이다. 그리고 우리는 그 관행을 계속하지 않고서는 글로벌 슈퍼파워를 오래도록 유지할 수 없었다. 똑똑하고 스스로 동기를 부여하는 이민자들은 혁신에 박차를 가하고 우리 경제가 번영을 위해 필요로 하는 일자리를 만들어낸다. 1995년에서 2005년 사이를 예로 들자면 미국에서 최첨단 스타트업의 25%는 최소한 1명의 이민자를 핵심설립자로 두고 있었다. 이런 회사들은 45만 개의 일자리를 창출했는데, 이들 중 대다수는 미국인에게 돌아가는 것이었다."

이민자들의 기여와 글로벌 경쟁 심화로 인해 미국에서 이민에 대한 정서는 수용이 우세했다. 9·11 테러와 불법 이민은 미국에서 이민자 친화적인 정서를 저해했지만, 테러리스트가 아닌 사회 발전에 기여하는 이민자들에 대해서는 여전히 긍정의 합의점이 존재했다. 정부와 시민들 사이에서 사회 깊숙이 침투돼 있던 이 같은 합의는 이민국가의 초석을 이뤘다.

이민강국은 단순히 전 세계의 훌륭한 이민자들이 몰려올 만한 요소를 갖추고, 그들이 입국해 정착한다고 해서 만들어지는 것이 아니었다. 미국의 '우리는 이민자를 받아들이는 나라이며, 이민자는 사회에 기여한다'는 사회적인 합의의 존재가 이민자들을 끌어당겼고, 이

민자 친화적인 정책과 사회적인 분위기로 이들을 정착으로 이끌었
다. 이민국가에 대한 강력한 합의는 미국이 가진 커다란 경쟁력이자
자산이었다.

하나가
되는
용광로

        이민자들이 아무리 많이 유입돼도 사회에서 겉돈다면 성공적인 이민국가라고 할 수 없다.

   주류 사회에 편입되지 못하고 원주민에게서 이질감을 느끼는 이민자들은 새로운 나라에서 성공적인 삶을 살지 못할 가능성이 높다. 이들은 박탈감을 느끼면서 소외된 집단을 형성하고, 원주민들은 이를 보며 이민자에 대한 부정적인 인식을 갖게 되는 악순환이 반복될 수 있다. 그렇기에 진정한 이민강국은 열심히 일하는 이민자들을 환영하는 한편, 그곳에 온 이민자들 역시 사회구성원으로서 소속감과 애착을 느낀다는 특성이 있다.

   미국이 이민강국이 된 것은 세계 각국에서 온 이민자의 상당수가 그곳에 잘 정착하고, 그들의 후손들은 주류 사회에 더더욱 잘 편입하여 미국인이 돼 갔기 때문이었다.

미국의 작가 앤 스노든 크로스만(Anne Snowden Crosman)이 1975년 이후 미국에 도착한 성공적인 이민자들을 인터뷰하고 쓴 『The New Immigrants(새로운 이민자들)』을 보면 이를 생생히 엿볼 수 있다. 베트남 전쟁이 끝난 1975년, 베트남을 비롯해 러시아, 에티오피아, 멕시코 등 수많은 국가에서 이민자들이 미국으로 몰려들었다.

책에 등장하는 그리스 출신 위장병 학자는 14세에 미국에 관심을 갖기 시작했고, 16세에 미국에 교환학생으로 와서 정착했다. 그는 자신을 "110% 미국인"이라고 말하면서 미국이라는 나라를 사랑해서 성조기를 건물 바깥에 걸어놓으며, 미국 사회가 어떻게 돌아가는지 관심을 갖고, 대통령에게 편지도 쓴다고 증언한다. 인터뷰에 등장하는 러시아 출신 미술 갤러리 운영자도 미국에 대한 소속감과 충성심이 만만치 않다. 그는 11세에 미국 시민권을 취득했는데, "러시아는 더 이상 내 집이 아니다"라고 말한다. 아울러 평소 미국을 집으로 여기며, 일터에서도 대부분의 시간에 영어를 쓰고, 꿈도 영어로 꾼다고 한다.

미국은 전통적으로 이민자들을 사회에 잘 통합시키면서 미국인으로 탈바꿈시켜왔다. 미국 이민자들에 대한 각종 문헌을 보면 이들이 미국인으로서의 생활에 빨리 적응했거나 적응하길 원하는 모습이 빈번히 등장한다.

미국의 베트남 출신 이민자 락 수(Lac Su)가 쓴 자전적인 에세이 『I Love Yous Are For The White People('나는 너를 사랑해'는 백인들을 위한 것이다)』

을 봐도 그렇다. 저자는 책에서 어린 시절 가족과 함께 미국에 이민 온 직후의 생활을 수록했는데, 부친과 부친의 친구들이 자주 나누던 대화에 대해 다음과 같이 회상했다.

"그들은 집요하게 미국에서 그들 자녀의 진보를 비교했다. 어떤 사람들은 그들의 아이들이 백인들의 생활스타일에 '곧장' 적응했다고 자랑하기도 했다."

이민자들이 미국인이 돼 가는 모습은 프랑스계 이민자인 헥토르 세인트 존 데 크레브쾨르(Hector St. John de Crevecoeur)가 1782년 쓴 『Letters from an American Farmer(미국 농부의 편지들)』를 통해 잘 나타난다. 책에서는 미국 역사가 시작될 시점에 미국인의 정체성에 대한 정의를 보여주는데, 그 내용의 일부는 아래와 같다.

"그는 미국인인데, 과거의 편견과 매너를 모두 뒤에 남겨놓고 그가 받아들이는 새로운 방식의 삶, 그가 복종하는 새로운 정부, 그리고 그가 갖는 새로운 지위로부터 새로운 것을 수용한다. 그는 우리의 위대한 조국의 넓은 실험실에 받아들여짐으로 인해 미국인이 돼 간다. 모든 국가에서 온 이곳의 개인들은 새로운 인종으로 녹아들어 가고, 그들의 노동과 후세대는 언젠가 세상에 위대한 변화를 일으킬 것이다."

미국이 다양한 이민자들을 하나로 통합한 데에는 어떤 이유가 있었다고 볼 수밖에 없다. 일반적으로 많은 나라에서 인종적·민족적

다양성은 갈등의 근원이 돼 왔기 때문이다. 중국의 티베트인들, 인도의 시크교도들, 스페인의 바스크인들, 유고슬라비아의 알바니아인들, 레바논의 시아파 신도들과 관련된 갈등만 봐도 알 수 있다.

설령 표면적인 갈등이 드러나지 않는다고 하더라도 새로운 나라에 정착한 이민자들은 그 나라에 소속되지 않는다고 느끼거나, 원주민들로부터 구성원으로 받아들여지지 않는 일이 빈번했다. 독일에서 태어난 터키계 사람들은 독일인으로 간주되지 않았고, 스위스에서 태어난 이탈리아 노동자 자녀들은 스위스인으로 취급받지 못했다.

전 세계 이민의 역사를 보면 원주민들이 새로운 구성원들을 경멸하는 일도 흔했다. 중국의 한족(漢族)들은 이방인을 '야만인'이라고 불렀고, 남부 이탈리아 사람들은 어린 시절 동네에서 떨어진 곳에서 '외국인 또는 이방인'을 만나면 주의하라는 경고를 받곤 했다.

하지만 미국에서는 이민자들이 사회에 잘 정착한 것을 넘어서, 그곳을 '자신들의 나라'로 인식하고 애국심까지 갖추면서 미국 문화를 칭송하는 모습이 자주 목격된다. 너무나 다양한 인종과 민족들이 모여 살면서도, 시민으로서 공통적인 정체성과 소속감을 느끼며 잘 정착한다는 것이다. 미국이 이민국가로서 빼어난 점 중 하나는 인종, 언어, 문화가 완전히 다른 사람들을 완벽한 미국인으로 만들어놓는다는 것이다.

이민국가로서 미국을 언급할 때, '용광로(melting pot)'라는 수사가 빈번하게 언급되는 것도 이민자들을 완벽히 하나의 미국인으로 만들어놓는 탁월한 능력 때문이다.

용광로라는 용어가 미국 사회를 지칭할 때 쓰인 것은 18세기부터라고 알려졌다. 다양한 종교와 국적, 인종의 사람들이 융합해 하나의 뚜렷한 사람들인 '에 플루리부스 우눔(E Pluribus Unum, 여럿이 모여 하나라는 뜻의 라틴어로 미국의 건국이념)'이 되는, 혈통이 아니라 신념에 의해 촉발된 이상으로 하나의 공동체를 이룬다는 것이었다.

미국의 사상가이자 시인인 랠프 월도 에머슨(Ralph Waldo Emerson)은 용광로라는 이미지를 '녹는 과정'을 묘사하기 위해 사용했다. 그는 "이것은 영국인과 독일인, 아일랜드인 이민자들을 미국인으로 변화시키는 것이었다"며 "이민자들의 개성과 심지어 그들의 인종적이고 종교적인 특성까지 용광로에 던져진 놋쇠 조각처럼 민주적인 정화장치(alembic)에 녹아들어 간다"고 말했다.

미국 후버 연구소(Hoover Institution) 연구원 브루스 손턴(Bruce Thornton)에 따르면 용광로의 이미지는 미국의 정체성을 역사적으로 특별하게 하는 용어로 통용됐다. 미국의 정체성이 혈연이나 종파, 인종이라는 '우연'으로 인해 형성된 게 아니라, 독립선언과 헌법에 간직된 '통일적인 신념과 정치적인 이상'에 의해 형성된 것이며 개인이라는 개념과 집단의 정체성을 뛰어넘는 불가침의 인권이라는 것이다. 미국 사회엔 이를 기반으로 한 정치적인 제도에 대한 믿음과 이해가 널리 퍼져 있었다.

물론 미국 역사에서 이런 이상은 인종주의와 자민족 중심주의, 제노포비아(xenophobia, 외국인혐오증), 그 외 편견에 의해 침해되기도 했다. 하지만 시간이 지나면서 법적·사회적 관행은 변해갔고, 미국은 전 세계에서 가장 포용적이며 이민자들을 잘 통합하는 나라가 됐다. 오늘날 수많은 이민자가 더 많은 자유와 기회를 찾기 위해 미국으로 향하기를 원하고 있다.

미국인들이 공통의 신념과 이상을 얼마나 깊이 공유하고 있는지는 빌 클린턴 대통령이 1997년 6월 발표한 '행정명령 13050'을 계기로 더욱 뚜렷이 목격됐다. 이 행정명령은 21세기에 어떻게 하면 하나의 미국을 만들 수 있을지에 대한 대통령 자문위원회를 만들도록 했는데, 자문위원들은 인종과 인종주의, 인종적 화해에 대한 조사 임무를 부여받았다. 자문위원들은 15개월 동안 미국 전역을 조사한 뒤, 미국에서의 인종 관계에 대해 'One America in the 21st Century(21세기에서 하나의 미국)'라는 보고서를 펴냈다.

이들은 보고서를 통해 "국가 전역을 여행하는 동안 미국인들이 어떤 공통의 가치와 열망을 공유하고 있다는 것은 명백해졌다"며 다음과 같이 밝혔다.

"우리는 모두 공통의 가치를 공유하고 있다; 자유를 향한 갈망, 동등한 기회를 위한 열망, 공정함에 대한 믿음, 그리고 본질적인 정의에 대한 필요다……. 연중 내내 들은 공통적인 테마에 근거해 모든 미국인이 미국 사회에서 이상으로 실행하거나 포용하는 근본적인 원칙으로 믿는 것은 다음과 같다. 정의, 기회의 평등, 존중, 책임감, 명예, 진실성, 정중함, 그리고 포용이다."

즉 미국인들을 하나의 용광로에 집어넣은 것은 '공통의 가치'였다. 각기 다른 인종, 민족, 언어, 문화, 역사를 가진 사람들을 묶을 수 있는 것은 정신적인 가치밖에 없었다.

공동체로서의 일체감이 물리적인 특징이나 언어, 종교, 역사적인 경험 등에 의해 형성된다면 특정 집단을 배제하게 될 것이 분명했다. 다양한 구성원들과 끊임없이 유입되는 이민자들을 한데 묶기 위해서는 정신적인 가치만큼 적당한 것이 없었다. 미국은 국가의 설립 단계부터 혈통이 아닌, 가치에 대한 믿음을 토대로 설립될 수밖에 없었던 것이다.

미국 사회는 끊임없이 공통의 신념과 이상을 강조하고 있다. 미국의 정치 지도자들은 연설할 때 "우리는 믿는다(We believe)"는 문구를 많이 쓴다. 그들이 강조하는 '우리의 신념'을 보면 미국 사회를 하나로 묶는 신념과 믿음, 정신적인 가치를 엿볼 수 있다.

1964년 당시 미국 대통령 린든 존슨은 시민권 법안에 서명하기 전에 라디오를 통해 성명을 발표했는데, 성명엔 "우리는 믿는다"는 문구가 다음과 같이 수차례 등장한다.

"우리는 만인이 평등하게 창조됐음을 믿는다. 그러나 수많은 사람이 평등한 대우를 받지 못하고 있다. 우리는 만인이 양도 불가의 권리를 가지고 있음을 믿는다. 그러나 많은 미국 국민이 그러한 권리를 향유하지 못하고 있다. 우리는 만인이 자유의 축복을 받을 자격이 있음을 믿는다. 그러나 수백만의 미국 국민이 그들의 실패 때문이 아니라, 그들의 피부색 때문에 그러한 축복을 박탈당하고 있다."

오늘날 정치 지도자들도 "우리는 믿는다"는 문구를 통해 국민 공통의 신념을 빈번하게 강조하고 있다. 버락 오바마 대통령은 2013년 취임사에서 다음과 같이 말했다.

"우리 국민은 여전히 모든 시민이 안전과 존엄에 대한 기본적인 시책을 보장받을 권리가 있다고 믿는다. 우리는 헬스케어 비용과 적자 규모를 줄이기 위해 어려운 선택을 해야 한다. 하지만 우리는 미국이 이 나라를 세운 세대를 보살피는 것과 미래를 건설할 세대에 투자하는 것 사이에 선택해야 한다는 믿음은 거부한다……. 우리는 이 나라의 자유가 운 좋은 사람들에게만 보장된다거나 행복이 소수에게만 보장된다고 믿지 않는다……. 우리 국민은 미국인으로서 우리의 의무가 단지 우리 자신에 대한 것이 아니라 모든 후대에 대한 것이라고 여전히 믿는다."

오바마 대통령은 선거 후보자일 당시 자신의 인종을 캠페인 소재로 활용하지 않았다. 어느 인종 어느 출신이건 하나가 되는 미국을 만드는 게 중요했기 때문이다. 그가 2004년 민주당 전당대회에서 '에 플루리부스 우눔'을 언급하며 한 다음과 같은 연설은 미국인들로부터 엄청난 열광을 받았다.

"진보적인 미국도, 보수적인 미국도 없다. 미합중국(United States of

America)이 있을 뿐이다. 흑인의 미국이나 백인의 미국, 라티노들의 미국이나 아시아인들의 미국도 없다. 미합중국이 있을 뿐이다."

사람들이 공동체를 이루고 살아가는 데 있어서 정신적인 일체감은 필요한 것이기도 했다.

알렉시스 드 토크빌(Alexis de Tocqueville)은 저서 『미국의 민주주의(De La Démocratie en Amérique, 2008)』에서 "어떤 시기에나 교조(教條)적 신념이 존재하는 것은 정도의 문제는 있다 하더라도 일반적인 현상"이라고 말했다. 공통의 신념이 없이는 어떤 사회도 번영할 수 없고, 사회의 존재 자체가 불가능하다는 이유에서다. 그는 공통으로 소유하는 이념 없이는 공동의 행동이 있을 수 없고, 공동의 행동 없이는 인간 개개인은 존재할 수 있을지 모르지만 사회적 집단은 존재할 수 없다고 주장했다. 그렇기에 책에서 "사회가 존재하기 위해, 나아가 사회가 번영하기 위해서는 모든 시민의 마음이 어떤 주된 이념에 의해서 집중되고 결속될 필요가 있다"고 말했다.

수많은 학자는 공동체에는 다원주의 못지않게 공통의 인식이 중요하다고 강조해왔다. 역사학자 다이앤 래비치(Diane Ravitch)는 1990년 발표한 글을 통해 다음과 같이 말했다.

"다원주의는 긍정적인 가치이지만, 우리 모두가 소속된 사회와 문화인 미국 커뮤니티에 대한 인식을 보존하는 것도 중요하다. 우리 모두가 의견을 같이하는 자유, 그리고 정의의 비전을 함께하는 전반적인 커뮤니티가 없다면, 우리가 가진 모든 것이 인종적이고 민족적인 문화의 집합이라면, 공통의 끈이 부족하다면, 우리는 우리의 특정한 집단의 구성원이 아닌 사람들을 대표해 공적인 의견을 도출할 방법이 없어진다. 예를 들면 우리는 공교육을 지원할 이유가 없어진다. 더 큰 커뮤니티가 없다면 각자의 집단은 자신들의 아이들을 고유의 방식대로 가르치길 원할 것이고, 공교육은 존재하기를 멈출 것이다."

미국에서 이민자들이 공통적인 신념 속으로 녹아들어 갔다고 해서 모국의 문화를 유지하는 것을 제재받은 것은 아니다. 이민자들은 지역사회에서 친목 조직, 인종 관련 축제, 언어학교, 종교적인 모임 등을 통해 자신들의 문화를 보유하고 축하하는 것을 자유롭게 할 수 있었다. 공동체로 하나가 된다는 것은 미국인이 되기 위해 시타르(sitar, 남아시아 악기)를 연주하는 것을 금지하고 카레를 먹지 말아야 한다는 개념이 아니었다는 것이다.

이민자들은 비슷한 출신배경을 공유하는 사람들끼리의 커뮤니티를 만들기도 했다. 차이나타운이 대표적이다. 하지만 그 커뮤니티의 존재가 소수자들이 미국 사회에서 분리됐음을 의미하는 것은 아니었다. 그곳은 오히려 미국에서의 자신들의 뿌리에 대한 인식과 그 나라에 대한 소속감을 나타내는 곳이었다. 중국계 미국인 고든 친(Gordon Chin)은 저서 『Building Community, Chinatown Style(커뮤니티 건설하기, 차이나타운 스타일)』에서 모든 아시아계 미국인 커뮤니티들의 노력이 두 가지 점에서 중요한 공통점이 있었다며 이렇게 말했다.

"그들은 인종과 땅에 대해 깊은 관심을 갖고 있는 커뮤니티 리더십을 갖고 있었다. 이 장소는 그들과 그의 가족들이 살고 있는 곳이었는데, 어떤 경우에는 5, 6세대 혹은 한 세기를 거슬러 올라가기도 했다. 그들에게 땅은 그들의 역사와 미국에서의 소속감에 있어서 상징적이었다……. 그들은 이런 장소와 땅이 그들 자신뿐 아니라 모든 아시아계 미국인을 비롯해 모든 미국인에게 무언가 중요한 것을 나타낸다는 감정을 주민들과 공유하고 있었다."

미국에서는 다양한 인종이 모여 살면서 인종차별이 늘 중요한 화두로 떠올랐지만, 성공한 소수자들은 자신이 속한 인종적인 집단을 강조하지 않았다. 이들은 특정 인종이 아닌 미국인으로서의 정체성과 공동체로서의 인식을 더욱 중요시했고, 그것이 바람직하다고 믿었다.

1961년 조지아대의 첫 흑인 학생이던 언론인 찰레인 헌터-골트(Charlayne Hunter-Gault)는 오바마의 대선 승리 이후 애틀랜타 거리에서 정장을 입은 백인 남성을 마주쳤을 때를 이렇게 회상한 적이 있다. 그 남성은 대뜸 "축하한다"고 말했다고 한다. 찰레인은 "무엇 때문에요?"라고 물었다. 남성은 "오바마 때문"이라고 답했다. 찰레인은 "나는 그것과 아무 관계가 없다"고 이의를 제기했다. 그러자 남성은 이렇게 말했다고 한다.

"오, 그렇죠. 당신은 미국인이고, 이것은 미국의 승리예요."

설령 흑인이 최초로 특정 지역의 대표가 된다고 하더라도, 그들의 인식은 특정 인종에 소속되는 데 머물지 않았고 전체를 생각했다. 흑인 출신으로 최초로 매사추세츠 주지사가 된 데발 로다인 패트릭 (Deval Laurdine Patrick)은 선거 캠페인 당시 이렇게 말했다.

"나는 단지 첫 번째 흑인 주지사가 돼선 안 된다. 지금까지 여러분들이 가진 역사상 최고의 주지사가 돼야 한다."

흑인 출신으로 최초로 오하이오 주 콜럼버스 시장이 된 마이클 콜먼(Michael Coleman)도 마찬가지였다. 그웬 이필은 저서 『The Break Through(돌파구)』에서 그가 했던 다음과 같은 발언을 소개했다.

"우리는 모든 사람의 이슈에 대해 이야기해야 한다. 내 목표는 모든 사람을 대표하는 것이다. 나는 흑인이고, 그것을 자랑스럽게 생각한다. 나는 흑인으로 태어났고, 흑인으로 죽을 것이고, 흑인이 될 것이고 그게 현실이다. 나는 그 사실이 굉장히 자랑스럽지만, 시장으로서 나는 모든 사람을 대표해야 한다."

특정 집단이나 정파의 구성원보다는 공동체로서의 인식을 중요시하는 것이야말로 이상과 신념으로 하나 되는 미국에서 지도자들이 공통적으로 지향하는 바였던 것이다.

미국은 다양한 인종과 종교, 문화를 지닌 개인들이 각자의 소속집단을 중시하며 병존하는 곳이 아니라, 공통의 가치를 공유하는 개인들이 신념과 이상으로 하나의 공동체를 이루는 국가였다. 미국학자 로렌스 푸크(Lawrence H. Fuchs)가 저서 『The American Kaleidoscope(미국의 만화경)』에서 "미국의 건국신화는 미국이 개인으로서 동등한 권리를 찾는 모든 사람에게 집이라는 것"이라고 말한 것도 그런 이유에서였다. 그것이야말로 미국이 이민강국으로서 가진 차별적인 강점이었고, 이질적인 구성원들이 하나 된 공동체를 형성한 비결이었다. 이민자들은 어디서 왔든지 일체감을 느끼기 용이했고, 순조롭게 하나의 국가를 영위할 수 있었다.

통합에
대한
강조

       사회에 공통의 신념과 이상이 존재한다고 해서 구성원들이 저절로 하나가 되는 건 아니다. 이민자들이 공동체의 정신과 규범을 알아야 그것을 공유할 수 있다. 그러기 위해서는 공통의 언어를 이해해야 한다. 언어야말로 핵심적인 '매개'가 된다는 것이다.

    오늘날 미국뿐 아니라 이민자들을 받아들이는 주요 선진국들은 모두 영주권이나 귀화 자격 취득에 있어서, 그 나라의 언어를 일정 수준 이상으로 구사할 것을 요구하고 있다. 이민자들이 사회에 통합되는 데 있어서 언어가 중요하다는 걸 인식하고 있기 때문이다.

    이민 국가뿐 아니라 모든 나라에서 언어는 중요시된다. 조지타운대 교수 수잔 마틴(Susan F. Martin)은 저서 『A Nation of Immigrants(이민자들의 나라)』에서 "계몽주의 사상에서 사람들이 한 지역사회에서 함께 살아가기 위해서는 소통수단을 공유해야 했다"고 말했다.

언어는 사람들이 서로를 이해하는 데 중요한 역할을 한다. 하지만 말이라는 것은 그 상징적인 특성 때문에 오해를 사기도 쉬운데, 오해의 가능성은 특히 다른 언어를 쓰는 사람들 사이에서 높아진다. 그렇기에 수잔 마틴은 "계몽주의 정신에서 다(多)언어주의는 제대로 기능하는 사회에서는 작동하지 못했는데, 이것은 공익을 심각한 위험에 빠뜨릴 수 있기 때문"이라고 지적했다.

서로 다른 배경을 가진 구성원들이 조화롭게 살기 위해서는 공통의 언어를 공유해야 한다는 것은 수많은 사상가와 학자들에 의해 지적돼 왔다.

영국의 정치사상가 존 로크(John Locke)는 언어를 "사회의 훌륭한 도구이자 공통의 끈"이라고 했고, 미국의 사전 편찬자인 노아 웹스터(Noah Webster)는 "우리의 정치적인 조화는 언어의 일치와 관계가 있었다"고 말했다.

민족국가로 출발한 나라들은 별도의 노력 없이도 하나의 언어를 가질 수 있었다. 설령 지역 간 방언이 존재하더라도 대체로 유사한 언어였고 서로 소통하는 데 별문제가 없었다. 하지만 미국은 애초부터 같은 언어 혹은 유사한 언어를 쓴 나라들의 경우와는 다른 차원의 도전을 경험해야 했다. 국가가 각기 다른 나라에서 온 사람들에 의해 건설된 데다, 다른 언어를 쓰는 이민자들이 지속적으로 유입되고 있었던 것이다.

미국은 서로 간 공통적인 요소를 강조하고 통합된 나라를 만들어,

갈등과 분열을 최소화해야 했다. 미국의 건국자들은 하나의 국가적
인 언어가 지배적이어야 할 필요성을 인정하고 지지함으로써 새로
운 공화국이 오래갈 수 있다는 것을 확신할 수 있었다.

미국 정부의 이민개혁위원회를 이끈 바버라 조던은 1995년 〈뉴욕
타임스〉에 기고한 '미국화의 이상(The Americanization Ideal)'이라는 글을 통
해 이민자들이 언어를 습득하며 사회에 통합돼야 한다는 점을 강조
했다. 그 내용의 일부는 아래와 같다.

"미국은 이민자들과 그들의 후손들을 민주주의적인 이상과 헌법
적인 원칙에 헌신하는 것으로 통합시켰다. 놀라운 범위의 인종적이
고 종교적인 배경을 가진 사람들은 이 이상을 포용했다. 이 과정에
대한 단어가 있다; '미국화'다. 이 단어는 1920년대 인종차별주의자
와 외국인혐오자들이 가져다 쓰면서 나쁜 평판을 얻었다. 하지만 이
것은 우리의 단어이고, 우리는 이것을 다시 가져오고 있다. 미국화
는 정치적 조직체의 일부가 되는 것을 의미하며, 우리 중 하나가 되
는 것이다. 이것은 순응을 의미하는 것은 아니다. 우리는 용광로보다
더하다. 우리는 만화경(kaleidoscope)으로, 역사의 모든 전환점이 과거의
약속을 기반으로 새로운 빛을 굴절시키는 것이다. 이민은 서로 간의
의무를 부과한다. 이곳에 오기로 선택하는 사람들은 미국 시민 문화
의 공통적인 핵심을 포용해야 한다. 우리는 그들이 우리의 공통 언어
인 미국식 영어를 배우는 것을 도와야 한다. 우리는 모든 미국인에게
미국 역사를 가르치는 데 있어서 시민 교육을 재개해야 한다. 우리는

증오범죄(hate crime)와 차별에 맞서는 법을 힘 있게 집행해야 한다.”

어떤 사람들은 이것을 동화주의적인 발상이라고 비판할지 모르겠다. 하지만 이것은 함께 살아가기 위해 서로가 소통하고 이해할 수 있는 수단과 통로가 마련돼야 한다는 취지였고, 구성원으로서 책임을 인식하는 것이었다.

‘동화’는 부정적인 의미로 회자되지만, ‘통합’은 오늘날 이민국가에서 중요시되고 있다.

미국 브랜다이스대 교수 수잔 이턴(Susan E. Eaton)은 저서 『Integration Nation(통합 국가)』에서 이민자들이 새로운 지역사회에서 정치적으로, 경제적으로 사회적인 삶에 온전히 참여할 수 있도록 돕는 노력을 기술하면서 동화와 통합의 차이를 이렇게 소개한다.

“동화는 새로운 구성원을 받아들이는 지역사회의 가치와 이해관계에 암묵적으로 특권을 주는 것이다. 반면 통합은 새로 유입된 다양한 사람들이 갖고 오는 것을 가치 있게 여기는 한편, 그들이 성공하고 지역사회에도 기여하려면 무엇이 필요한지를 강조하는 것이다.”

이런 측면에서 보면 미국 사회가 이민자들에게 요구하는 것은 통합에 가깝다고 볼 수 있었다. 이민자들이 갖고 있는 문화적인 다양성을 억압하지 않고 유지하도록 하는 한편, 공통분모를 체득해 기존 사회에 잘 적응할 수 있도록 하는 것이었기 때문이다.

이민자들의 권익을 대변하는 미국의 시민단체 ‘새로운 미국인들의 국가적인 파트너십(NPNA; National Partnership of New Americans)’이 웹사이트에서 "우리는 미국의 성공이 이민자들을 우리나라의 조직에 환영하고 '통합'하고 근본적인 미국의 가치로서 평등과 기회를 지지하는 우리의 지속적인 헌신에 기반하고 있다는 것을 믿는다"고 밝힌 것도 그런 맥락에서다.

미국에서 '미국화 운동(Americanization movement)'이 진행된 것도 이민자들이 많이 유입되면서 구성원들에 대한 통합의 중요성이 대두됐기 때문이었다.

네덜란드 틸뷔르흐대 교수 멜 반 엘트런(Mel van Elteren)은 저서 『Americanism and Americanization(미국주의와 미국화)』에서 미국화 운동이 20세기 초반에 20년에 걸쳐 세 단계로 나타났다고 말한다. 첫 번째 단계는 1900~1914년, 두 번째 단계는 제1차 세계대전(1914~1918년) 동안, 세 번째는 제1차 세계대전 직후였다.

미국화 운동은 다양한 방식으로 발현됐다.

정부 지도자들은 이민자들을 미국인으로 만드는 데 가장 좋은 방법은 교육이라고 생각했고, 지역 커뮤니티센터와 YMCA 같은 시민단체들은 이민자들에게 무료 강의를 제공했다.

기업들은 외국에서 온 노동자 상당수가 영어를 잘 구사하지 못해 문제가 발생하자 자체 언어교실을 열었다. 포드자동차(Ford Motor Company)는 이민 노동자들이 1914년 창립된 '포드 영어 학교'에 의무적으로 참가하도록 해 출신배경이 다른 데서 오는 문제들을 해결하려고 했다. 1915년에서 1920년 사이 총 1만 6,000명이 넘는 노동자들이 포드 영어 학교에서 교육을 받았다.

미국화 운동은 미국에서의 삶의 방식을 축하하고 애국심을 촉진하는 수단이기도 했다.

1915년 7월 4일 처음으로 공식적인 국가 행사로 '미국화의 날(Americanization Day)'이 열렸는데, '많은 사람, 그러나 하나의 나라(Many Peoples, But One Nation)'가 모토였다. 이후 이 모토는 '미국 우선(America First)'으로 바뀌었다.

유럽에서 1914년 제1차 세계대전이 발발한 뒤 미국은 1917년 참전을 결정했는데, 그즈음 미국화 운동은 더욱 왕성해지며 절정에 달했다. 미국화 운동은 독립기념일(7월 4일) 같은 애국적인 국경일을 과도하게 축하하는 것으로 발현되기도 했다.

미국 이민의 역사에서 통합의 촉진은 귀화를 통해서 이어지기도 했다. 시민권이야말로 공동체를 하나로 묶는 효과적인 수단이 될 수 있기 때문이다.

시민권은 인종적으로 다양한 나라에서 이방인들을 묶는 접착제로 작용했다. 그것은 단순히 권리와 혜택을 부여하는 법적인 상태가 아니라, 공동의 통치체제 시스템에 참여하도록 하는 초청장과 같았으며, 소속감을 제공하는 정체성이 되기도 했다. 한 국가의 거주자들이 시민권을 취득하지 않거나 정치적인 제도에 참여하는 것에 실패했을 때는 공동체의 일원으로서의 인식과 사회의 근간을 형성하는 제

도에 대한 이해를 약화시킬 수 있었다. 시민사회와 정치적인 활동에
의 자발적 참여는 넓게 보면 국가를 더욱 강하게 하는 것으로 기대됐
다. 더욱 능동적이고 활기차며 미래지향적인 사회를 만들 수 있기 때
문이다.

이 때문에 미국 정부와 시민사회는 특히 20세기 초반에 귀화를 많
이 권장했다. 1910~1920년대 미국화 운동이 진행되던 당시 민간조
직과 학교 이사회, 기업, 정부 유관기관들은 이민자들에게 귀화와 영
어 습득, 미국식 삶의 방식을 촉진했고, 문화적인 적응을 유도했다.

물론 미국에서 언어와 귀화를 중심으로 통합을 권유하는 운동이
오래가진 못했다.

20세기 초중반에 유럽에서 전쟁이 발발하자, 프랭클린 루스벨트
(Franklin Roosevelt) 대통령은 1940년 정리 계획(Reorganization Plan)을 통해 현
재는 '이민 및 귀화 서비스'로 이름 붙여진 조직을 노동부에서 법무
부로 옮겼다. 이민을 경제적인 것보다는 국가 안보의 이슈로 인식하
는 변화를 반영한 것이었다. 전쟁은 미국에 들어오는 모든 외국인이
'외국인 등록 프로그램(Alien Registration Program)'을 통해 녹화에 협조하고
지문을 찍도록 했다. 정부는 또 포로수용소와 구류시설을 조직하고
운영하는 한편, 국경 순찰대를 통해 국경을 감시했다. 1950년에는 이
민자들의 귀화를 지향하는 조직이나 프로그램이 거의 없어졌다.

게다가 1960년대 시민권 운동의 성장으로 인해 '미국화'는 호감을

상당 부분 잃었다. 초기 미국화 운동은 모국의 언어와 국적을 암묵적으로 포기하도록 해 동화를 권장하는 것으로도 보였기 때문이다. 대신 미국에선 다양성이라는 새로운 담론이 대두됐는데, 미국 다원주의의 또 다른 비전으로 '샐러드 볼(Salad Bowl)'이라는 수사가 등장했다. 이것은 각기 다른 인종 그룹이 각기 다른 정체성을 가지고 병존하면서 마치 샐러드 볼 안의 재료들처럼 법과 시장이라는 '드레싱'으로만 함께 묶여 있다는, 다문화주의의 사상을 표현한 것이었다.

당시에도 이민자들은 많이 유입되고 있었지만, 정부의 시민권 권장은 상당 부분 없어졌다. 그 대신 정부기관은 행정 업무에 있어서 귀화의 신청 및 국경 관리에 치중하기 시작했다.

하지만 그때는 이미 전 세계의 수많은 사람이 미국으로의 이민을 꿈꾸고 영어를 배우기 시작한 때였다. 미국이 영어교육을 실시하지 않아도 수많은 나라는 자국 학생들에게 영어를 가르치기 시작했고, 미국으로의 유학을 꿈꾸는 사람들은 자발적으로 영어를 배웠다.

1970~1980년대에 영어는 국제공통어(lingua franca)가 되면서 많은 사람에게 국제 교역에 의존적인 경제하에서 직업을 갖기 위해서는 꼭 배워야 하는 언어로 인식됐다. 프랑스에서는 중학생들이 영어나 독일어를 배워야 했는데, 1984년에 83%가 영어를 선택했다. 소련에서도 중학생 절반이 영어를 배웠고, 중국에서도 영어를 배우는 사람이 늘기 시작했다.

시민교육도 마찬가지였다. 미국이 인위적으로 민주주의와 자유,

인권에 대한 교육을 실시하지 않더라도 이미 전 세계로 번진 민주주의 사상은 세계인들이 이를 체득하도록 했다.

특히 미국에 온 이민자들은 공부와 직업에 있어서 능력을 펼치기 위해서는 언어와 제도를 습득해야 했다. 스스로의 필요에 의해 선택한 나라에서 잘 정착하고 목표를 이루기 위해서는 사회에 잘 통합되는 게 필수적이었다. 이런 필요는 통합에 가장 큰 동기가 됐다.

오늘날 많은 학자는 미국에 공식적인 이민자 통합 정책은 없다고 주장한다. 미국에서의 통합은 정책적인 개입이 거의 없이 노동시장과 교육 등 사회적인 바탕에 의해 자연스럽게 진행됐다는 것이다. 하지만 미국 정부가 통합에 꾸준한 관심을 가진 것은 분명했다.

연방정부는 1970년 1만 6,000개 미국 학구(學區, school districts)에 메시지를 보내 "영어를 말하고 이해할 수 없는 것은 출신국에 있어서 소수집단에 속한 아이들이 교육 프로그램에 효과적으로 참여하지 못하도록 배제한다"고 지적했다. 당시 연방정부는 학구가 이런 학생들에게 교육 프로그램을 개방하기 위해 차별 철폐 조치들을 취해 언어적인 결핍을 시정할 것을 요구했다.

이민자 통합에 대한 강력한 기대 역시 존재했다. 1994년 미국 이민개혁위원회는 이런 기대를 의무로 인식하며 다음과 같이 밝혔다.

"미국으로의 이민은 권리가 아니라 특권으로 이해돼야 한다. 이민은 미국 시민문화의 공통적인 핵심을 끌어안기 위한, 가능한 범위 내에서 다른 시민 및 거주자들과 영어로 소통하기 위한, 그리고 기본적인 헌법의 원리와 민주주의 제도를 받아들이기 위한 의무를 함께 가져온다."

이민자 통합에 대한 미국 정부의 관심은 현대에 와서도 지속되고 있다.

버락 오바마 대통령은 2014년 11월 '새로운 미국인들에 관한 백악관 태스크포스(The White House Task Force on New Americans)'를 설립했는데, 이민자들과 난민들이 미국 지역사회에 더 잘 통합되도록 하기 위해 정부가 광범위한 노력을 하기 위함이었다.

태스크포스는 2015년 '모든 거주자를 환영함으로써 지역사회 강화하기: 이민자와 난민 통합을 위한 연방정부의 행동 계획(Strengthening Communities by Welcoming All Residents)' 보고서를 대통령에게 제출했다. 보고서엔 다음과 같은 내용이 담겼다.

"이민자의 국가로서 우리의 성공은 새로 온 사람들을 우리나라의 사회적·문화적·경제적인 조직으로 통합시키는 역사적인 성공에 기반하고 있다. 통합은 새로 온 사람들과 그들이 정착하는 지역사회에 오래도록 거주한 사람들을 한데 묶는 역동적인 양방향의 과정으로, 더 많은 이해와 포용성을 촉진하고 경제적인 성공을 빠르게 하며 안전하고 활기차고 화합하는 지역사회를 건설하기 위한 것이다."

물론 태스크포스도 미국 사회에서 이민자 통합이 특별한 노력 없이 자연스럽게 성공적으로 진행돼 왔다는 점을 인정하고 있다. 통합

을 위한 공식적인 전략이 없었음에도 불구하고 이민자들은 빠른 속
도로 미국인이 돼 갔고, 영어를 유창하게 구사했으며, 일터에 적응하
고 사회에서 생산적인 구성원이 되고 있다는 것이다.

하지만 그와 동시에 "정책 결정자들과 비즈니스 리더들, 그리고
지역사회는 의도적인 통합 노력을 기울이는 것의 가치를 인식하고
있다"고 강조했다. 이민자들이 사회에 통합된 정도가 강할수록 사회
에 많은 이점을 가져다주기 때문이다.

태스크포스는 이민자 및 난민 통합의 경제적인 효과에 대해 다음
과 같이 분석했다.

수많은 연구는 '미국 시민권'이 노동자와 가족, 그리고 미국 경제
에 굉장히 경제적이고 실질적인 혜택을 가져다주는 것을 나타내고
있다. 귀화한 이민자와 그렇지 않은 이민자들을 비교해보면 '시민권
임금 프리미엄'이 있어서 귀화한 이민자가 더 많은 임금을 받는다.
이런 차이는 교육이나 경험, 직업이라는 다른 개인적인 차이로는 온
전히 설명되지 않는다. 달리 말하면 귀화한 이민자들이 그렇지 않은
이민자들과 같은 수준의 교육, 같은 직업 경험, 같은 직업을 갖고 있
더라도 임금이 더 높고, 귀화가 임금을 높인다는 것이다.

시민권이 임금 프리미엄을 제공하는 이유는 시민권이 요구되는
직업과 자격증을 얻을 능력을 포함해 여러 요소에 기반한다. 하지만
가장 큰 요소는 시민권이 이민자들로 하여금 교육이나 직업 훈련 등
을 통해 자신에게 더 많이 투자하도록 한다는 것이다. 게다가 귀화는

더 큰 경제적인 혜택이 있다. 시민권 취득이 확실하다면 이민자들은 자신들이 사는 지역사회에서 창업의 위험을 감수하거나 집을 구매하는 등 더 많은 투자를 하는 것이다.

이민자들의 언어적인 통합도 이민자들과 원주민 노동자들에게 비슷한 경제적인 혜택을 준다. 영어 실력을 높이는 것은 그들의 생산성을 북돋우고, 접근할 수 있는 직업의 질과 범위를 증가시키며, 원주민들과의 소득 차이를 좁힌다. 그러므로 정책적으로 언어 장벽을 낮추는 것은 언어적인 통합을 촉진해 이민자와 미국 사회 모두에 경제적인 도움이 된다.

요약하자면 이민자들이 사회에 통합될수록 이들을 받아들이는 사회뿐 아니라 이민자 자신에게도 커다란 도움이 된다는 것이다. 그렇기에 이민자들은 더 나은 삶을 위해 언어나 시민권을 매개로 사회에 통합되는 데 적극적이었다. 이민자들의 의지와 자발성은 정부나 시민사회의 통합에 대한 강조와 더불어 강력한 힘을 발휘했다.

어느 국가나 성공적인 이민국가가 될 수 있는지는 이질적인 구성원들을 얼마나 성공적으로 통합시키는지에 달렸다. 이민자와 이들을 받아들이는 사회가 모두 가졌던 통합에 대한 열망과 관심은 미국이 이민국가로서 가진 경쟁력의 원천이었다.

공통의
원칙과
법치

       이민국가에서 이민자들이 새로운 나라의 언어와 제도를 잘 익히는 것만으로 조화로운 사회가 될 수 있을 거라고 기대할 수 있을까?

    사실 공동체를 구성하는 언어와 지식의 습득은 통합의 제1요건일 뿐이다. 모든 이민자가 사회의 언어와 제도를 이해한다고 하더라도 다양한 구성원들이 함께 살다 보면 크고 작은 갈등이 발생하기 마련이다. 인종과 민족, 종교가 다른 사람들이 한 나라에 살면서 각종 내홍과 분란을 겪는 사례는 역사와 뉴스에서 수없이 목격되고 있다.

    그렇다면 인류 역사상 그 어느 나라보다도 가장 다양한 인종과 민족, 종교를 가진 사람들을 이민자로 받아들여 공동체를 형성한 미국은 이것을 어떻게 해결했을까?

    미국은 공통의 원칙과 법치가 세계 어느 나라보다도 중요시되고,

또 발달한 곳이었다.

원칙과 법치는 '자의성'과 반대되는 개념이다. 한국에서 강조되는 '혈연, 지연, 학연'이나 중국에서 중요시되는 '꽌시(关系, 관계)'와는 상반되는 개념이라는 것이다.

균질적인 집단으로 구성된 나라에선 종종 역사적이거나 문화적인 이유로 원칙이 지켜지지 않는다. 법보다 국민감정이 더 중시되기도 한다. 수많은 예외와 편의가 발생하는 이유다.

하지만 다인종·다민족 사회인 미국에선 모든 구성원에게 적용되는 보편적인 가치가 아닌, 특정 집단의 일원으로서 느끼는 감정과 이해관계는 공유되기 어려웠다. 그렇기에 원칙을 무시하면서까지 일부에게 예외와 편의를 제공할 수 없었다. 서로 다른 구성원들을 하나로 묶어주던 공통의 요소가 한순간에 와해될 수 있기 때문이었다. 공동체가 유지되고 결속되기 위해서는 보편적인 가치에 근거한 법과 원칙이 중시돼야 했다.

물론 인간사회에서 출신이나 배경, 인간관계가 주는 영향이 없을 순 없다. 하지만 미국은 적어도 사회 분위기와 근간을 형성하는 정신에 있어서는 원칙과 법치를 중시하는 나라였고, 구성원들 역시 그것이 바람직하다고 믿었다. 미국이라는 나라 자체가 인종적인 유사성이나 지리적인 근접성이 아닌, 이상과 신념을 기반으로 형성됐기 때문이다.

미국의 철학자 제이컵 니들먼(Jacob Needleman)은 이런 특성에 대해 다음과 같이 말했다.

"미국은 인간들의 생각으로 형성된 철학적인 이상에 의해 건립된 나라다. 이 나라는 그렇게 구성된 세계의 유일한 나라다. 미국은 부족이나 민족, 인종적인 정체성이 아니다. 이것은 자유와 독립적인 생각, 독립적인 양심, 자립, 노력, 정의로 구성된 철학적인 정체성이다."

미국은 문화적으로는 다양하지만, 사상적으로는 헌법적인 원칙으로 하나 되는 국가였다.

미국학자 로렌스 푸크는 "미국 정치에 대한 이해는 미국 생활의 두 가지 요소에 달려 있는데, 바로 사상적인 통일성(ideological unity)과 집단의 다원주의(group pluralism)다"라고 주장한 바 있다.

로렌스 푸크는 미국이 이민자들의 증가를 두려워할 필요가 없다고 주장할 때, 이민자들이 역사적으로 일관되게 국가의 사상적인 통일성을 채택하고 헌법적인 원칙을 존중했다는 점을 근거로 들었다. 많은 이민자가 자유와 평등을 토대로 한 미국의 헌법정신에 매료돼 새로운 땅으로 향했다. 사회구성원들은 출신배경을 막론하고 헌법적인 가치를 믿었던 것이다.

미국 사회의 구성원들이 헌법적인 원칙을 얼마나 존중하는지는 여러 분야에서 드러난다.

미국 이민개혁위원회 의장을 지낸 바버라 조던은 1995년 의회에서 "미국은 역사상 가장 성공적인 다인종 국가"며 "이 나라는 전 세계에서 온 이민자들과 그들의 후손을 민주주의적인 이상과 '헌법적 인 원칙'에 헌신하는 것으로 통합시켰다"고 말했다.

미국인들의 생활에서 법은 중심에 있었다. 스탠퍼드대 교수 로렌스 프리드먼(Lawrence M. Friedman)은 저서 『A History of American Law(미국법의 역사)』에서 "미국인들은 자연적으로 미국법에 익숙해져 있다"며 "법은 미국 문화에 필수적인 부분"이라고 말했다.

미국인들이 남녀노소를 막론하고 법과 원칙을 중시하는 것은 언어 습관에서도 드러난다.

알렉산더 쿠구세브는 저서 『Resilient America(회복탄력적인 미국)』에서 미국의 독특한 점을 설명하는데, 특히 미국인들이 "법이 있어야지(There ought to be a law)"와 "나는 내 권리가 있어(I have my rights)"라는 말을 자주 쓰는 것을 인상적인 부분으로 꼽는다. 그가 미국에 이민 오기 전만 해도 이런 말을 들어본 적이 없었다고 한다. 그는 책에서 미국인의 대다수가 법에 대해 개인적인 신뢰를 갖고 있고, 각자의 권리에 관심이 있다는 것을 발견했다고 말한다.

미국에선 어린아이들도 놀다가 부당한 일이 발생하면 "이건 공정하지 않아(This is unfair)"라는 말을 자주 쓴다. 남녀노소를 막론하고 권리와 원칙을 중시하는 것이다.

미국의 정치 지도자들도 공동체의 운용에 있어서 법과 원칙의 중요성을 자주 강조해왔다. 미국 대통령을 지낸 테오도어 루스벨트(Theodore Roosevelt)는 1903년 의회 연설에서 다음과 같이 말했다.

"누구도 법 위에 있지 않고, 누구도 법 아래 있지 않다."

미국인들이 공통의 원칙과 법치를 강조하는 것은, 그래야 자신도 법에 의해 보호받을 수 있기 때문이기도 했다.

알렉시스 드 토크빌은 저서 『미국의 민주주의(De La Démocratie en Amérique, 2008)』를 통해 "미합중국에서 '누구든지 사회 전체의 준법을 강제하는 데에 개인적으로 관심을 갖고, 아무리 법률이 성가셔도 그것을 따르는 것'과 '모든 계층이 자기 나라의 법률에 대해 한없는 신뢰감을 나타내고 일종의 부모의 정을 갖고 법률을 아끼는 것'을 목격했다"고 말했다.

토크빌의 분석에 따르면 미국 사람들이 법을 준수하는 것은 그것이 다수가 만든 것이어서가 아니라, 자기 자신의 것이라는 이유 때문이었다. 즉 그들은 법률을 자기 자신이 한쪽 당사자로 돼 있는 계약으로 간주했다. 그렇기에 그가 보기에 미국에는 법률을 당연한 적으로 간주하면서 공포와 불신으로 바라보는 수많은 무질서한 군중이 없었다.

법은 구성원들의 권리와 책임을 규정하고 시민과 정부의 활동을 규제한다. 형법은 사람들을 안전하게 지키고, 상법은 사람들이 경제적으로 번영할 수 있게 한다. 정부의 권력을 제한하는 법은 사람들이 공개적으로 말할 수 있는 자유를 보호하는 한편, 스스로 선택한 종교를 실천하고 사생활을 유지할 수 있게 한다. 미국인들은 법과 원칙에 의해 자신의 권리를 보장받을 수 있었고, 미국의 헌법이 자유와 권리를 보장한 것은 번영의 토대를 제공했다.

미국 헌법은 총 27차례 수정됐는데, 최초의 헌법수정 10개 조항은 '권리장전(The Bill of Rights)'이라고 불리며 개인의 권리와 자유를 보장하는 내용을 담고 있다.

미국 소비자가전협회(Consumer Electronics Association) 회장 개리 샤피로(Gary Shapiro)는 저서 『The Comeback(컴백)』에서 "헌법이 혁신가들을 보호하는 틀을 제공해줬다면, 권리장전은 혁신이 번영할 수 있는 분위기를 조성했다"고 평가했다.

미국의 수정헌법 제1조는 '미국 의회는 종교를 국교로 정하거나, 자유로운 예배를 금지하거나, 언론 또는 출판의 자유를 제한하거나, 인민이 평화롭게 집회할 수 있는 권리와 불만사항의 시정을 위해 정부에게 진정하는 권리를 제한하는 법률을 제정해서는 안 된다'라고 규정하고 있다. 즉 표현의 자유를 보호하는 것을 골자로 하는 조항이다.

개리 샤피로는 책에서 비디오카세트녹화기(VCR)와 인터넷, 컴퓨터 등이 저작권이 있는 내용물의 복제가 가능하다는 이유로 미국에서 금지됐다면 미국이 지금과 같이 통신 발달을 주도하지 못했을 것이라고 말한다. 하지만 수정헌법 제1조는 표현의 자유에 대해 법적인 보호를 제공했고, 미국에서 개인의 표현과 창의성을 권장하는 정신을 만들었다. 그는 "이것이 오늘날 블로그와 영화, 팟캐스트, 과학적인 이론들이 정부의 검열에 대한 두려움 없이 만들어진 토대이며, 대중적으로 자유롭게 공유될 수 있게 된 이유"라고 분석했다.

법은 한 나라를 구성하는 정신을 담고 있고, 국가의 번영과 직결돼 있다. 미국의 헌법은 독립적이고 자유로운 권리를 보장했고, 미국 사회가 번창할 수 있는 힘을 불어넣었다.

물론 오늘날 미국에서 법치주의가 무너져간다는 지적이 제기되고 있고, 특히 인종 문제에 있어서 법이 공정하게 집행되지 않는다는 비판이 종종 불거져 나오는 것도 사실이다.

그럼에도 불구하고 우리는 수많은 이민자가 미국을 법과 원칙이 비교적 잘 지켜지고 존중받는 나라로 평가하는 것을 목격할 수 있다.

앤 스노든 크로스만의 저서 『The New Immigrants(새로운 이민자들)』 에서도 이런 대목이 나온다. 책에 등장하는 이라크 출신 부부는 미국 사회의 장점으로 이라크의 무법과 부패와는 배치되게 미국인들이 원칙을 따르고 법을 지킨다는 점을 꼽는다. 물론 미국에도 부패와 부정이 횡행하지만, 이민자들의 평가는 상대적인 것이었다. 책에 등장하는 이라크인 남편은 "모든 나라는 어떤 종류의 부패가 있지만, 미국은 중동과 이라크, 제3세계에 비해서는 뇌물이 없다"라고 말했다.

법과 원칙이 비교적 공정하게 지켜진다는 '상대성'은 이민자들에게 큰 영향을 줬다. 부패와 편법, 불법이 횡행한 후진국의 사람들은 제도와 원칙이 발달한 나라에서 기회와 가능성을 엿보고, 그곳으로 향했다. 특히 많은 중남미 사람은 "법이 국민들을 지켜주지 않는다"

고 토로하며, 법의 보호를 비교적 공정하게 받을 수 있는 미국으로 떠나고 있다.

법과 원칙을 지키는 것은 단순히 사회를 운영하는 방식이 아니라, 더 나은 삶을 가능하게 하는 초석이기도 했다. 법에 의한 지배는 기본적으로 사회가 사람이 아닌 법에 의해 지배돼야 한다는 생각에 근거하고 있다. 그렇기에 중립적이고 보편적인 원칙에 의해 지배되는 시스템을 갖추고 있는데, 일반적으로 세 가지의 연결된 개념을 강조한다.

테오 안젤리스(Theo J. Angelis)와 조너선 해리슨(Jonathan H. Harrison)은 리포트 'History and Importance of the Rule of Law(법에 의한 지배의 역사와 중요성, 2003)'를 통해 이를 다음과 같이 설명했다. 첫째, 법적인 손상은 오로지 법에 의해서만 부과돼야 하고 개인적인 의지나 정부 당국자 혹은 사적인 행위자의 임의적인 행위에 기반해선 안 된다. 둘째, 정부의 조치는 규정에 의해 규제돼야 하고 정부 당국자들은 법 위에 있어서는 안 된다. 셋째, 사람들은 사적인 폭력이나 강제로부터 보호받아야 한다.

법과 원칙이 없는 곳에는 타당한 근거나 실력이 없더라도 연줄과 청탁 혹은 감정이나 이해관계 등 사적인 요소를 매개로 결과가 좌우될 수 있다. 이것은 법과 원칙이 덜 발달한 후진적인 국가일수록 부패가 심하고 사회 발전이 더딘 이유이기도 하다.

반면 투명한 시스템에 의해 작동되는 사회는 항상 합리적인 근거와 이유, 실력을 요구한다. 편법과 예외를 원하는 집단은 항상 존재하겠지만, 이를 제어할 수 있는 강력한 원칙과 사회적인 공감대는 그것을 압도한다. 투명한 경쟁은 발전을 가져올 수밖에 없다.

그렇기에 미국인에게 무언가 옳고 바람직한 것, 즉 '정의'의 개념은 법이 공정하게 잘 작동하는 것과 통용되었다.

미국에는 워싱턴 D.C.에 기반을 둔 '세계 정의 프로젝트(World Justice Project)'라는 단체가 있는데, 주로 하는 일은 여러 가지 활동을 통해 '법에 의한 지배'가 전 세계적으로 더욱 발달하도록 하는 것이다. 이 단체는 웹사이트를 통해 자신들이 정의하는 '잘 작동하는 법에 의한 지배'는 다음과 같은 것을 의미한다고 밝히고 있다.

- 지역의 사업과 외국의 투자가 부패에 의해 억압되지 않는 것
- 정부는 자신들의 행동에 대해 책임을 지고, 시민들은 그들의 반대 의견을 표현할 수 있는 것-평화적으로
- 아이들은 학교에 보내지고, 저렴한 노동력에 의해 착취되지 않는 것
- 여성들과 소녀들이 폭력과 차별로부터 그들 자신을 보호할 수 있는 것
- 엄마들이 뇌물을 내지 않고도 아이들에게 예방접종을 시킬 수 있는 것
- 빌딩은 지진을 견디고, 다리는 똑바로 유지되며, 생명체들은

타협된 규제에 의해 위험에 처해지지 않는 것

이것은 누구든 빈부에 관계없이 기본적인 권리를 동등하게 누릴 수 있고 뇌물이나 청탁 등 부당한 수단을 쓰지 않아도 정당한 권리를 행사할 수 있도록 하는 것이었다. 누구나 법과 원칙에 의해 동등하게 보호받는 투명한 사회야말로 정의로운 사회로 여겨지는 것이다.

법과 원칙에 대한 존중은 더 나은 삶을 위해 무질서하고 부패한 나라를 떠나는 이민자들로부터 선망을 얻었고, 이들의 발길을 이끌었다. 아울러 이질적인 인구가 끊임없이 유입되면서도 공동체가 질서 있게 유지되며 투명하게 발전할 수 있도록 한 토대가 됐다.

기부와
공동체 의식

민주주의 사회에서 정치활동이나 기부 등 시민들의 자발적인 사회 참여는 건강한 사회를 형성하는 데 중요한 주춧돌로 인식된다.

정치 참여는 이민국가에서 자연스럽고 자발적인 현상일 수 있다. 다양한 곳에서 이민자들이 유입되는 와중에 원주민들과 새로운 구성원들이 스스로의 이익을 지키고 권리를 행사하기 위해서는 정치력을 행사해야 하기 때문이다.

하지만 기부는 다르다. 공동체에 대한 헌신을 수반하기 때문이다. 그것은 스스로를 위해 언어를 배우고 법과 원칙을 지키며 정치에 참여하는 것보다는 더 고차원적인 일이다.

상식적으로는 배경이 제각각인 인구가 모여 살수록 공동체에 대한 소속감과 타인에 대한 책임감을 덜 느끼게 되기 때문에 자선 행위가 줄어들 것으로 보인다. 하지만 다양한 배경을 지닌 사람들이 섞여 사는 미국에서는 정반대의 현상이 나타나고 있다. 미국에서는 돈과 시간 등 개인이 가진 자원을 토대로 기부를 하는 게 중요한 문화로 자리 잡고 있다. 미국인들은 혈통과 민족, 문화적인 유산이 제각각임에도 불구하고 기부에 적극적이다.

미국에서 기부 관련 통계를 집계하는 '기빙 USA 재단(Giving USA Foundation)'의 2016년 발표에 따르면 미국인들은 2015년에 총 3,732억 5,000만 달러가량을 기부한 것으로 나타났다. 이것은 2014년의 3,583억 8,000만 달러에 비해 4.1% 증가한 수치다. 기부 재원별로 살펴보면 개인이 70.9%로 가장 많은 비중을 차지했고, 재단 15.7%, 유산 기부(charitable bequests) 8.5%, 기업 4.9% 등이었다. 미국에서 개인 기부가 얼마나 활성화됐으며 늘고 있는지 엿볼 수 있다.

각종 수치보다도 전 세계에 미국의 기부 문화를 강력하게 나타내주는 것은 미국을 대표하는 거부(巨富)들의 기부 행보다. 대표적인 것이 '마이크로소프트(Microsoft Corporation)' 설립자 빌 게이츠(Bill Gates)와 그의 부인 멀린다 게이츠(Melinda Gates)가 세운 자선재단인 '빌 & 멀린다 게이츠 재단(Bill & Melinda Gates Foundation)'이다. 이 재단은 '모든 생명은 동등한 가치가 있다'는 믿음에 근거해 세워졌는데, 개발도상국에서 질병과 배고픔, 극도의 가난을 겪는 사람들을 주로 돕고 있다.

빌과 멀린다는 '투자의 귀재'로 불리는 '버크셔 해서웨이(Berkshire Hathaway)'의 CEO 워런 버핏(Warren Buffett)과 함께 '기부 서약(The Giving

Pledge)'이라는 캠페인을 주도해 또다시 주목을 받았다. 이 캠페인은 세계의 부유한 사람들과 그 가족들이 사회에서 가장 긴급한 문제의 해결을 돕기 위해 재산의 절반 이상을 기부함을 서약하는 것이다.

첫 기부 서약은 40가족으로 시작됐는데, 재계 거물들 사이에서 호응을 얻었다. 워런 버핏은 캠페인 주최 측이 2010년 8월 발표한 보도자료를 통해 "이제 막 시작했는데 벌써 굉장한 반응을 얻고 있다"고 말했다. 보도자료에는 기부 서약을 한 사람들이 서면으로 각자 기부를 결심하게 된 개인적인 동기를 적은 것을 다음과 같이 발췌해 수록했다.

- 마이클 블룸버그(Michael R. Bloomberg): "만약 당신이 아이들을 위해 뭔가를 하고 싶고 그들을 얼마나 사랑하는지 보여주고 싶다면, 단연코 최고의 것은 그들과 그들 자녀를 위해 더 나은 세계를 만들 단체를 지원하는 것이다. 그리고 기부를 통해 우리는 다른 사람들이 돈이든 시간이든, 그들이 가진 것 일부를 기부하도록 영감을 준다."
- 빌 & 멀린다 게이츠(Bill & Melinda Gates): "우리는 우리의 예상을 뛰어넘는 행운으로 축복받았고 깊이 감사한다. 이런 선물이 대단한 만큼 우리는 그것을 잘 사용해야 한다는 책임감을 느낀다. 이것이 우리가 기부 서약의 대외적인 약속에 참여하는 게 기쁜 이유다."

- 데이비드 록펠러(David Rockefeller): "우리 가족은 우리나라의 경제 시스템으로 인해 가장 혜택을 입은 사람들은, 사회에 의미 있는 방식으로 그것을 되돌려줘야 한다는 믿음으로 계속 하나가 됐다."
- 테드 터너(Ted Turner): "나는 인생에서 이룰 수 없을 것처럼 목표를 높게 잡고 가장 도움이 필요한 사람들에게 도움을 주라는 아버지의 조언에 특별히 감사한다. 그 영감은 내게 계속 힘을 주고, 매일 열성적으로 (사회에) 보답하도록 하며, 다음 세대들을 위해 세상을 더 나은 곳으로 만들게끔 한다."

캠페인 주최 측은 4개월 뒤인 2010년 12월 보도자료를 통해 기부 서약자 17가족을 추가로 발표했는데, 이때 페이스북 창립자 마크 저커버그도 합류했다.

기부 서약자들은 꾸준히 증가하기 시작했다. 캠페인은 당초 미국에 있는 부자들에 초점을 두고 시작됐지만 현재는 전 세계적으로 확산됐다. 2015년 6월 기준으로 전 세계 14개국에 있는 총 137가족이 기부 서약을 했다. 나이는 그해를 기준으로 31세부터 99세까지 다양했고, 국가도 미국, 호주, 브라질, 독일, 인도, 인도네시아, 말레이시아, 러시아, 남아프리카공화국, 대만, 터키, 우크라이나, UAE(아랍에미리트), 영국 등으로 다양했다. 빌 게이츠는 이에 대해 이렇게 말했다.

"5년 전에 처음 기부 서약을 시작할 때만 해도 우리는 이렇게 많은 사람이 함께할 줄은 몰랐다. 이것은 처음에는 미국에서, 최근에는 전 세계로 점점 확장됐다. 우리는 자선을 더욱 강화하고 사람들이 더 젊을 때 시작할 것을 권유한다. 사람들이 기부에 있어서 더 대담해지고 사려 깊어지는 것을 보는 것은 흥미로운 일이다. 이것은 자선의 놀라운 전통을 건설하는 것이고 세계를 더 나은 곳으로 만드는 것을 궁극적으로 도울 것이다.”

기부자들이 기부 행렬에 동참한 것은 남들이 하니까 어쩔 수 없이 하는 게 아니었다. 그들은 막대한 재산의 대부분을 사회에 환원하는 것을 진심으로 기쁘고 자랑스럽게 여겼다. 돈을 많이 가졌거나 적게 가졌거나 기부는 자연스러운 문화였다. 워런 버핏이 기부 서약 웹사이트에 공개한 서약서를 통해 밝힌 다음과 같은 내용을 보면 그런 문화가 드러난다.

“2006년에 나는 내 버크셔 해서웨이 주식 전부를 점진적으로 자선재단에 기부하기로 약속했다. 나는 그 결정에 대해 이보다 더 행복할 수가 없다. 이제 빌과 멀린다, 나는 수백 명의 부유한 미국인들에게 그들이 가진 부 중 최소한의 50%를 기부하겠다는 서약을 할 것을 묻고 있다. 나는 나의 의도를 반복하고 그 속에 담긴 생각을 설명하는 게 맞다고 생각한다. 첫 번째, 나의 서약: 내 부의 99% 이상은 내 일생 혹은 죽음을 맞이했을 때 자선사업으로 가게 될 것이다. 달러로 계산하면 이 약속은 크다. 하지만 비교적인 관점에서는 많은 개인은 다른 사람들에게 매일 더 많은 것을 주고 있다. 수백만 명의 사람들이 교회와 학교, 그리고 다른 단체에 정기적으로 기여를 하고 있다. 이로 인해 그들은 그렇지 않았다면 가족에게 혜택을 줄 수 있었을 법한 기금의 사용을 포기하고 있다. 사람들이 달러를 자선냄비에 떨어뜨리거나 유나이티드 웨이(United Way, 미국의 자선단체)에 주는 것은 영화와 외식, 또는 다른 유흥을 포기하는 것을 뜻한다. 반면 내 가족과 나는 99%(의 재산을 기부하겠다는) 서약을 충족하고도 우리가 필요하거나 원하는 것을 아무것도 포기하지 않는다."

그렇다면 이민자들의 나라인 미국에서는 어떻게 기부 문화가 자연스럽게 정착된 것일까?

미국에서 기부가 자연스러운 문화로 자리 잡기 시작한 것은 과거 식민지 시대로 거슬러 올라간다. 17세기 후반과 18세기 초반 교역의 증가는 점점 많은 사람이 부를 축적할 수 있게 했고, 법적·정치적·사회적·종교적 제도의 완전한 변화를 촉발했다. 그와 동시에 교역은 천연두와 같은 다른 질병들의 유행을 가져왔고, 공적인 책임이 대두되는 가난하고 의존적인 인구가 눈에 띄게 늘게 했다. 기존 지역사회는 혼란스러워졌다. 사람들이 점점 부와 가난, 건강과 질병, 편안함과 비참함 사이의 대비에 민감해지기 시작한 것이다.

듀크대 교수 조엘 플레이쉬만(Joel L. Fleishman)은 저서 『The Foundation(재단)』에서 미국에서 비영리 부문이 크고 다양한 이유가 당시 역사와 관련이 있다며 이렇게 설명했다.

"식민지 시대에 새로운 이민자들은 서비스를 제공하는 정부가 설립되기 전에 이 땅에 도착했다. 그들에게 필요한 교육과 사회서비스, 공공의 안전, 다른 도움의 충족은 식민지 주민 그 자신들에게 달려있었다……. 오늘날 (미국에서) 비영리 부문의 충만함과 힘은 이런 초기 자치의 사적인 종교 모임의 중요성과 강인함에서 유래했다."

18세기 미국에서 기부는 다양한 동기에 의해 퍼져갔다.

당시 자선활동을 보여주는 대표적인 장소는 펜실베이니아 병원이었는데, 그곳은 성경에 나온 사마리아인이 상처받은 여행자를 주막으로 데리고 가 돌봐준 것처럼, '그를 돌봐주면 제가 갚겠습니다'를 모토로 했다. 또 다른 자선활동의 동기는 '귀족적인 의무'였다. 식민지 시대 부유한 미국인 중 상당수는 노쇠한 하인과 지역의 성직자 또는 그의 미망인, 고아 등 형편이 어려운 사람들에게 의무감을 느끼며 자선활동에 지원했다.

아울러 사람들은 공제조합을 조직하며 도시생활의 위험성과 불확실성을 완화했다. 이것은 질병과 죽음의 시대에 조합의 구성원들과 가족들을 재정적으로 도왔다. 장인들의 조합이 그 구성원들을 착취로부터 보호하고 일에 대해 정당한 대가를 받도록 한 것처럼 말이다.

미국에선 독립혁명 이후 더 많은 자발적인 조직이 생겨났으며, 19세기 초반 자선단체들은 공공생활에서 점점 중요한 역할을 하기 시작했다. 자선단체의 활동범위는 주(州)마다 달랐지만, 이를 통해 미국인들은 노예제도와 음주 등 사회문제에 점점 신경 쓰기 시작했다.

남북전쟁 당시 자선단체와 기부, 봉사는 중요한 역할을 했는데, 사적인 조직들은 부상당한 병사들을 돕기 위해 나섰다. 전쟁 이후 국가는 경제적으로나 문화적으로 통합돼 갔고, 이어진 경제 호황으로 부유한 나라가 되면서 미국인들의 생활도 크게 변하기 시작했다. 미국의 대학들은 새로운 자선활동을 위한 허브가 됐다.

1870년대 이후 미국 경제는 흔들렸는데, 1873년 주식시장의 붕괴는 몇 년간 지속된 불황의 신호탄이 됐다. 이로 인해 수백, 수천 명의 노동자가 가난에 처했다. 경제적인 어려움은 노동조합의 성장과 정부 및 경영자에게 적대적이고 급진적인 정치조직의 창궐을 이끌었다.

이때 기부 문화에 커다란 획을 그은 인물이 스코틀랜드 출신 이민자로 노동자로 출발해 철강업계 거부이자 자선사업가가 된 앤드루 카네기(Andrew Carnegie)다. 그는 1889년 저서 『The Gospel of Wealth(부의 복음)』를 통해 부의 분배와 기부에 대한 철학을 밝혔다.

카네기는 부를 분배하는 적당한 방법은 이것을 모두 후손들에게 주는 것이 아니라고 믿었다. 부를 상속하는 것은 계승자와 사회 모두에 해롭다고 믿었기 때문이다. 그렇다고 부가 모두 세금으로 회수돼 정부에 의해 분배돼야 한다고도 믿지 않았다. 그는 자신의 필요를 넘어선 상당한 부를 가진 개인들이 인생에서 도움을 필요로 하는 사람들에게 스스로 사회적인 목적에 의해 분배하는 게 맞다고 생각했다. 그들이야말로 돈이 공익을 위해 어떻게 분배되는 게 사회에 가장 혜택이 될지를 아는 최고의 재판관들이라고 믿었기 때문이다.

카네기는 전통적인 방식의 기부에는 굉장히 비판적이었다. 그것은 가난의 근원을 해결하기보다는 고통에 응답하는 것이었기 때문이다. 그는 지역사회에 혜택을 줄 수 있는 최고의 방법은 사회적인 신분 상승을 할 수 있다는 열망과 함께 사다리를 제공하는 것이라고 믿었다. 그렇기에 사람들의 환경을 개선할 수 있는 도서관, 공원, 박물관, 공공 회의시설, 교육기관과 같은 여러 종류의 기관에 관심을 뒀다. 스스로도 자선활동에 있어서 이런 수칙을 따랐다. 자신의 막대한 부를 도서관과 대학, 교육기관 등에 기부한 것이다.

굉장히 부유한 사람들의 책임에 대한 카네기의 시각은 미국에서 대단히 논쟁적이었다. 하지만 그는 주변의 거대한 부자들에게 본보기가 됐다. 카네기 이전에 진행된 대부분의 자선활동은 작은 규모로, 그리고 전통적인 방식으로 진행됐다. 하지만 카네기 이후에는 자선활동이 재단을 통해 조직화됐고, 전례 없는 규모와 방식으로 진행됐다. 이것은 교육과 건강, 사회복지 문제를 해결하는 데 있어서 혁신적이고 중요한 근원이 됐다.

사회 각 분야에서 단체조직이 활발해지면서 기부 문화는 한층 발전했다.

19세기 후반에 이민자들은 전례 없는 규모로 유입됐고, 이들은 스스로의 유대감을 위해 조직을 구성하기 시작했다. 의사들, 엔지니어들, 법관들, 그리고 여러 전문 직업인들은 단체를 만들고 기준을 만든 뒤 정보를 교환하고 정부를 압박했다. 산업계에서는 협회를 조직해 그들의 이해관계에 부합하는 법안의 통과를 옹호했다. 노동자들은 노동조합을 구성해 급여와 노동환경을 향상하기 위해 노력했다. 전쟁에서 돌아온 군인들은 '공화국의 대군(Grand Army of the Republic)'과 같은 단체를 조직해 자신들의 혜택을 위해 힘썼다.

　단체들의 스펙트럼은 다양했지만, 그곳에 소속돼 활동함으로 인해 시민들은 자치를, 설득하기 위해 주장하는 법을, 그리고 재정을 모금하고 조직을 형성하는 법을 배웠다. 병원, 학교 등 기관에서 기부 수요가 증가하면서 모금활동은 더욱 전문화되기 시작했다.

　기부는 개인과 사회에 다양한 긍정적인 파급효과를 내면서 대중화됐다. 온라인 매체 '허핑턴 포스트(The Huffington Post)' 창립자 아리아나 허핑턴(Arianna Huffington)은 저서 『Thrive(번영하라)』에서 기부가 미치는 다양한 효과에 대해 다음과 같이 설명했다.

　"기부의 효과는 나이가 들수록 더욱 극적이다; 듀크대와 텍사스-오스틴대 연구에서는 봉사를 하는 노인들이 그렇지 않은 노인들보다 우울증을 앓는 비율이 상당히 낮은 것으로 나타났다……. 일터에서 기부의 효과에 대한 연구도 마찬가지로 극적이었는데, 봉사의 영향으로 더 건강하고 창의적이고 협동적인 노동력이 만들어진다는 걸 보여줬다."

　미국에서 기부는 국가와 사회에 대한 사회구성원들의 철학을 반영하는 것이기도 했다.

미국에도 정부가 빈부 격차를 줄이기 위해 민간에 깊이 개입해야 한다고 믿는 사람들이 있긴 하지만, 수많은 미국인은 독립성과 자율성을 중시했다. 그들은 정부의 책임에 의존하는 것은 물론, 부의 재분배에 있어서 정부의 역할이 커지는 것을 반기지 않았다.

미국에서 기부와 시민활동이 크고 활발하게 진행된 것은 그것이 자유로운 정신에 기반하고 있었기 때문이다. 비영리재단이 정부에 의존해야 한다면 그들은 정치적인 영향력을 두려워해야 할 수 있었다. 하지만 미국에서 자선재단에 대한 재정 지원은 예외적으로 중요한 공적인 필요가 아닌 이상 대부분 개인이나 기업의 주도하에 이뤄졌다. 개별 시민들의 선택에 의해 공적인 지원을 받는 것은 비영리부문 활동에 자유와 활기를 제공해줬다. 이런 자발성과 자유의 정신은 자선활동이 더 역동적이고 활발하며 자발적으로 이뤄지게 했다.

많은 미국인은 사회로부터 자유와 기회를 얻으면서 상당한 수혜를 입은 사람들은 사회와 공동체에 자신이 가진 것을 되돌려줄 책임이 있고, 그로 인해 사회의 유지와 향상을 도와야 한다고 믿었다. 성공한 기업인들은 재산을 사회에 기부하면서 "미국 사회가 내가 성공하고 부자가 되는 것을 가능하게 해줬고, 나는 그것을 되돌려줄 의무가 있다"고 말하곤 했다.

성공한 기업가들의 사회에 대한 기여의식은 끊임없이 파급효과를 낳았다. 조엘 플레이쉬만은 저서 『The Foundation^(재단)』에서 "나는 워런 버핏이 자선의 세계에 있어서 완전히 새로운 폭발에 영감을 줬다고 확신한다"고 말했다. 그리고 다음과 같이 설명했다.

"그가 한 행동은 누군가가 만약 원한다면 어렵게 모은 산더미 같은 돈을 다른 사람의 혜택을 위해 줘버릴 수 있다는 것을 입증함으로써, 미국과 다른 곳에 있는 부유한 개인들의 지평을 넓혔다. 워런 버핏은 수백만 명의 마음에 씨앗을 심음으로 인해, 장기적으로는 그의 재산으로 인해 삶이 향상된 사람들보다 더 많은 인류에게 혜택을 주는 데 성공했을지 모른다."

실제로 미국에서 거대한 부를 쌓은 사람들의 기부 행렬은 끊임없이 이어지고 있다.

페이스북 창립자 마크 저커버그와 부인 프리실라 챈(Priscilla Chan)이 기부 서약에 동참한 것도 같은 인식 때문이었다. 이들은 기부 서약 웹사이트를 통해 다음과 같이 밝혔다.

"우리는 인생에서 굉장히 많은 기회를 얻었고, 미래 세대를 위해 세상을 더 나은 곳으로 만들어야 한다는 책임감을 느낀다. 우리는 좋은 건강과 훌륭한 교육, 그리고 헌신적인 가족과 지역사회의 지원으로부터 혜택을 입었다. 우리는 다음 세대에서는, 우리의 모든 아이가 더 나은 삶을 누리면서 자라고 우리가 오늘날 가능하다고 생각하는 것보다 더 많은 것을 얻기 위해 노력해야 한다고 믿는다."

이들 부부는 2015년 딸 맥스가 태어나자 공개편지를 통해 일생동안 페이스북 지분 99%를 자선 목적으로 기부하겠다고 발표했다. 금액으로는 450억 달러 이상에 달하는 것이었다.

전 세계 어느 나라보다 왕성한 미국의 기부 문화는 이질적인 사회를 더 강력히 통합되게 했다. 이것은 미국이 이민강국으로서 갖고 있는 차별적인 강점이었다.

루마니아 출신으로 미국 코먼웰스 재단(Commonwealth Foundation)에서 일하는 톰 바코(Tom Bako)는 재단이 제작한 동영상을 통해 자신이 왜 미국에 왔고, 무엇이 인상 깊었는지에 대해 다음과 같이 말했다.

"미국에 오고 나서 캠퍼스를 처음 접하고 외국 학생으로서 느꼈던 가장 큰 문화적인 충격은 빌딩에 붙여진 사람의 이름들을 하나도 못 알아보겠다는 것이었다. 정말 이상했다. 나는 유럽 생활에 익숙해져 있었는데, 그곳에는 모든 길과 스퀘어, 빌딩에 유명한 정치인이나 장군, 예술가의 이름이 붙어있다. 역사를 알면 알 만한 사람들의 이름이었다. 나는 당시에 미국 역사를 꽤 안다고 생각했는데, 모든 이름이 낯설었다."

알고 보니 캠퍼스에 적힌 이름들은 유명인들이 아니라, 미국에서 부를 이룬 뒤 사회에 돌려준 기부자들의 이름이었다. 톰은 이 같은 사실을 알고 다음과 같이 회고했다.

"그다음 깨달았다. 이것은 굉장히 훌륭한 증언이라는 것을 말이다. 그것은 내가 루마니아에서 본 미국인 자원봉사자들의 자선과 친절함, 관대함이었다. 이 사람들은 아메리칸 드림에서 살게 돼서 스스로 행운을 만들어냈고, 그중 많은 사람은 자수성가를 했다. 그리고 그것을 지역사회에 되돌려주면서 병원을 만들고 학교를 만들고 임상연구 실험실을 만들었다. 이 모든 것은 이익을 추구할 자유를 주는 기업 시스템과 함께 우리가 이곳에서 굉장히 축복받고 영광스러운 삶을 살 수 있게 한다.″

미국은 시장원리에 기반한 치열한 경쟁이 진행되는 곳이었지만, 탐욕스러운 소수가 부를 거머쥔 채 책임을 등한시하거나 주변에 무관심한 이웃들로 구성된 나라가 아니었다. 누구든 노력하면 성공할 수 있는 믿음이 통용되는 동시에, 사다리를 오른 사람들은 자발적으로 부를 나눔으로써 사회를 더욱 발전시켜나갔다. 물리적으로는 가장 이질적인 인구로 구성됐지만, 공통의 이상과 원칙을 공유하고 이를 넘어서 공동체에 대한 기여의식이 강력하게 공유되는 국가였다. 기부 문화는 이를 나타내는 대표적인 요소였다.

기부 문화로 대표되는 미국인들의 사회에 대한 기여의식은 전 세계인들로 하여금 미국에서의 노력과 성취를 갈망하게 했다. 미국 사회에선 부에 대한 존중과 존경심을 가져다줬고, 수많은 사람이 사회에 감사하면서 열심히 일하도록 했다. 그렇게 부를 이룬 사람들은 그것을 또다시 공동체에 돌려줬고, 공동체 일원으로서의 책임의식과 기부 문화를 더욱 강화했다. 이것이 이민강국으로서 미국의 성장과 번영에 강력한 추동체가 됐음은 물론이다.

3 ———————— 현실을

넘어서는

희망

주관적인 긍정주의

더 나은 미래를 향한 믿음

차별을 뛰어넘는 정신력

인생에 대한 주도권

좌절의 발전적인 승화

주관적인
긍정주의

　　　　　우리가 미국 이민의 역사에서 엿볼 수 있는 것은 이민자들이 굉장한 긍정주의와 의지로 어려움을 돌파해나가며 새 땅에 정착했다는 것이다.

　이민자들은 미국을 관용과 약속, 희망과 기회의 상징으로 봤다. 많은 이들은 미국이 자신의 모국보다는 훨씬 더 이상과 가치에 의해 통치되는 국가라고 생각했다.

　이것은 상당 부분 미국의 외교 정책에서 비롯된 것이기도 했다. 미국은 제2차 세계대전에서 이기고 난 뒤 세계 각국에 마셜 플랜(Marshall Plan, 1947~1951년 미국이 서유럽 16개 나라에 행한 대외원조계획)과 같은 원조와 재건 프로그램을 제공했다. 이를 통해 과거의 적국에도 유례없는 관용을 보여주면서 희망의 나라라는 이미지를 더욱 굳건히 했다.

　게다가 당시 미국 경제는 급속도로 성장하고 있었다. 인종차별을

비롯해 어두운 면은 남아있었지만, 그곳의 역동성은 미국을 얼마든
지 변화와 발전이 가능한 곳으로 보이게 했다. 미국은 이를 바탕으로
전 세계의 이민자들을 끌어당겼다.

그런데 현실을 자세히 관찰해보면 이민자들이 미국을 희망적으로
본 것은 단순히 객관적인 환경이 좋아서는 아니었다. 어느 시대에나
이민 1세대의 삶은 녹록지 않았다. 본국을 떠날 때는 장밋빛 환상과
원대한 꿈을 갖지만, 대개 현실은 '정글'이다. 이민자들은 낯선 땅에
서 다른 문화를 가진 사람들 틈에서 생소한 언어를 배우면서 살아남
아야 했다. 미국에서 이민 1세대 대부분은 열악한 환경에서 일하며
가난하게 살았다.

하버드대 교수 비비안 루이(Vivian Louie)는 저서 『Keeping the
Immigrant Bargain(이민자 협상의 유지)』에서 이민자들의 긍정주의와 실제
현실은 상당한 괴리가 있다는 것을 그리고 있다. 그는 책에 도미니카
공화국과 콜롬비아 출신의 이민자 가족을 인터뷰한 내용을 수록했
는데, 인터뷰에 응한 사람은 대부분 노동계급이거나 중산층이었다.
미국에서의 신분 상승은 제한적이었고, 이민 이후 본국에서보다 사
회적인 지위가 더 낮아지는 경우도 있었다.

비비안 루이는 그럼에도 불구하고 이민자들이 '미국에서 위대한
이득을 얻었거나 본국에서 갖고 있던 높은 지위를 재생산한 사람들
의 긍정주의'를 공유했다고 말한다. 그들은 현재는 상황이 암울하더
라도 이민의 여정이 결국에는 해피엔딩으로 끝날 것으로 믿었다. 실

제 현실이야 어떻든 자신들이 '아메리칸 드림'에서 살고 있다고 믿었던 것이다. 이것은 그들이 암울하고 비관적인 현실에서도 열심히 일하도록 하는 동력이 됐다.

그렇다면 이민자들의 이런 믿음, 주관적인 긍정주의는 어떻게 생겨났을까?

비비안 루이는 책에서 "이민자 부모의 긍정주의는 '두 가지 세계'에 사는 것에서 탄생했다"고 설명한다. 그것은 '폐쇄된 이동성의 확실성을 뒤로하고 떠난 것'과 '가능성의 약속에 들어간 것'이었다. 부모들은 도미니카공화국과 콜롬비아에서 발견한 '제한된 신분 상승'과 '정치적·경제적 불확실성'이라는 조건을 떠났다고 믿었기에 긍정적이었다. 설령 미국에서의 삶과 근로조건이 객관적인 수준에서조차 열악하더라도, 그들은 상대적인 불평등과 경제적인 불안정으로 가득 찬 본국을 떠났기 때문에 놀랍도록 긍정적일 수 있었다.

콜롬비아 출신 가족들은 긍정주의를 가질 또 다른 이유가 있었다. 미국에서는 구조적인 폭력의 위협으로부터 자유로울 수 있다는 것이었다. 책에서 콜롬비아 출신 이민자들이 미국에 도착한 시기는 본국에서의 살인과 납치 비율이 감소하기 시작할 때였지만, 여전히 그들에게 안전은 큰 이슈였다. 위협으로부터의 자유는 콜롬비아 이민자들이 미국에서 많은 경제적인 이득을 얻지 않고서도 긍정적이도록 했다. 심지어 범죄율이 높은 미국 이웃들 사이에서의 삶도 자신들이 떠난 콜롬비아의 상황만큼 위험해 보이진 않았기 때문이다.

사실 삶의 만족은 실제보다는 그것이 '어떻게 인식되느냐'에 의해 좌우된다. 행복과 불행은 그 자체의 크기보다는 사람들의 감수성에 따라 주관적으로 인식된다는 것이다.

이민자들이 각종 악재에도 불구하고 긍정적인 태도를 갖고 삶을 개척해나갈 수 있었던 것은 새로 정착한 나라가 최소한 그들이 떠나온 '부패하고 위험하고 기회가 결여된' 본국보다는 훨씬 낫다고 여겨졌기 때문이다. 이민자들은 스스로의 환상과 이상에 의해 미국을 전세계 어느 나라보다 기회를 얻기 좋은 독특한 나라로 규정했다. 본국에서는 될 수 없던 누군가가 될 수 있는 자유, 노력에 의해 무엇을 성취할 자유가 보장되는 곳으로 본 것이다.

이민자들이 이민을 통해 얻은 물질적인 이득은 천차만별이었지만, 그들은 그 여정의 성공을 비슷한 방식으로 개념화했다. 본국보다 정치 지도자의 계승이 더 합법적이고 질서 있게 보장되는 곳, 공정한 기회가 보장돼 사회구성원의 계층 이동이 역동적인 곳에서 산다는 것이다. 이민자들은 그 긍정주의로 어려움을 돌파해나갔고, 실제로 더 나은 삶을 만들어냈다.

이민자들의 주관적인 긍정주의는 미국이 특별한 나라라는 '예외주의(Exceptionalism)'에 의해 더 강화됐다. 이것은 지극히 평범한 것과 반대되는 특수성을 의미했다. 이민자들은 이 특별한 나라에서의 여정에 동참하면 더 풍요로운 삶을 살 수 있을 거라고 기대했다.

사실 모든 나라는 어느 정도건 자신들의 우수성이나 특별함에 대한 신화나 아이디어를 품고 있다. 미국에서도 예외주의가 건국 초기부터 인식 속에 자리 잡고 있었다. 매사추세츠 부지사를 지낸 윌리엄 스타우턴(William Stoughton)은 1690년대에 이렇게 말하기도 했다.

"하나님이 전체 나라를 가려내 그가 선택한 낟알을 이 황야로 보낸 것이다."

하지만 현실에서 미국의 예외주의는 신화에 의해 강해지기보다는 역사적인 성취의 기록에 의해 강해졌다. 미국이라는 나라가 지속적으로 성취를 이뤄내며 발전해왔기 때문이다.

식민지 시대 미국은 빠르게 번영했고, 1770년엔 유럽 국가들의 생활수준을 넘어섰다. 번영은 긍정주의를 발생시켰고 기회는 에너지를 촉진했으며, 이 모든 것은 인구가 빠르게 성장하도록 했다. 미국인들은 삶의 조건을 영원히 향상시킬 수 있다고 기대했다.

미국에 널리 퍼져 있던 개인적이고 종교적이고 정치적인 자유도 이런 특별함에 대한 확신을 촉진했다. 만약 미국에서 누군가가 자유를 제한받는다고 느끼면, 그는 다른 지역으로 이동해 살 수 있었다. 미국의 넓은 땅은 다른 곳으로 이동할 수 있는 무한한 자유를 제공했다. 자유는 무제한적인 선택권을 의미했다. 무한한 기회를 바탕으로 능력에 따라 꿈을 성취할 수 있다는 것이야말로 미국 사회를 관통하는 정신이자, 미국인들이 갖고 있는 기대였다.

미국의 역사학자 제임스 트러슬로 애덤스(James Truslow Adams)는 1931

년에 저술한 『The Epic of America(미국의 서사시)』에서 아메리칸 드림을 "능력이나 성취에 따라 기회가 주어지고, 모든 사람의 삶이 더 나아지고 부유해지고 풍족해지는 땅에 대한 꿈"이라고 설명했다.

이민자들은 노력하면 성취할 가능성이 더 높은 곳, 개인의 노력이 커다란 효과를 발휘할 가능성이 높은 곳이 미국이라고 봤다. 그들은 노력하면 더 나은 삶을 살 수 있다고 믿었다.

버락 오바마 대통령의 저서 『담대한 희망(The Audacity of Hope, 2008)』을 봐도 미국인이 생각하는 '노력과 안락한 삶'의 등식을 엿볼 수 있다. 그는 책에서 이렇게 말했다.

"만약 당신이 열심히 일하고 책임감 있게 행동한다면 더 나은 삶을 위한 기회를 얻게 될 것이다."

"미국인들은 노동을 믿는다. 이것은 단순히 그들의 생계수단이 아니라, 그들 삶에 목적과 방향을 주고 질서와 존엄성을 준다……. 다른 한편으론 미국인들은 우리가 풀타임으로 일하면 자신과 아이들을 지원할 수 있어야 한다고 믿는다."

물론 미국에서도 개인의 노력이 좋은 결과를 완벽히 보장해주지는 않는다. 이민자들 역시 사회에 존재하는 구조적인 제약을 잘 인식하고 있었고, 현재보다 더 나은 삶을 원했다. 그럼에도 불구하고 노력과 노동의 가치를 믿는 이민자들의 긍정주의는 압도적인 것이었고, 아메리칸 드림의 문화적인 힘과 함께 잘 조화되면서 사회를 전진하게 했다. 이런 주관적인 긍정주의를 토대로 한 노력과 도전정신이야말로 아메리칸 드림의 핵심이었다.

　어떤 사람들은 아메리칸 드림이 물질적인 번영을 추구하는 것이라고 비판하기도 한다. 더 큰 차와 멋진 집을 갖기 위해 더 긴 시간을 일하지만, 자신들이 이룩한 번영을 즐길 시간은 적게 갖는다는 것이다. 또 다른 사람들은 '새로운 아메리칸 드림'은 물질적인 이득에 더 적게 집중하고, 단순하고 만족스러운 삶을 더 강조하는 것이라고 주장하기도 한다.

　하지만 우리가 미국의 이민자들에게서 엿볼 수 있는 것은 그들이 삶에 있어서 꼭 손에 잡히는 물질적 부유함을 통해 만족을 느낀 건 아니라는 것이다. 이민자들이 추구한 아메리칸 드림은 물질적인 풍요뿐 아니라 정신적인 충족감에 대한 추구도 포함한 것이었다.

　아일랜드 출신 이민자의 후손으로 미국 대통령을 지낸 존 F. 케네디는 1963년 6월 아일랜드에 방문해 뉴 로스 지역 사람들에게 이렇게 연설했다.

　"나의 증조할아버지가 보스턴 동부의 통 제조업자(cooper)가 되기 위해 이곳을 떠났을 때, 두 가지 외에는 아무것도 가지고 가지 않았다. 바로 강한 종교적인 신념과 자유를 향한 강한 갈망이다. 나는 그의 모든 증손자가 그 유산을 가치 있게 여긴다는 것을 말할 수 있게 되어 기쁘다."

　이민자들은 다소 이상주의적인 기질을 갖고 있었다. 아메리칸 드림이 단순히 비싼 차나 커다란 집과 같은 물질적인 이득을 추구하는 게 아니라는 것은 2011년 오스카 여우주연상을 받은 이스라엘 출신 배우 나탈리 포트먼(Natalie Portman)도 보여주고 있다.

나탈리 포트먼의 아버지는 의사로, 아내와 3살 된 외동딸을 데리고 미국으로 건너왔다. 그는 5년을 군대에서 복무하고 의학 수련을 받기 위해 건너온 터라, 이민 당시 모아놓은 돈이 거의 없었다. 나탈리 포트먼은 "아버지가 40살이 될 때까진 집에 돈이 별로 없었다"고 회상했다. 어렸을 때 이들 가족은 단 한 번도 커다란 집이나 좋은 차를 가져보지 못했다고 한다.

하지만 그녀는 어린 시절을 이야기할 때마다 굉장히 자랑스럽고 행복해한다. 가정 형편은 어렵고 배는 고팠지만, 다른 곳에 돈을 쓸 여력이 없을 때도 오페라나 춤, 클래식 공연이나 박물관 관람 티켓을 사는 데 돈을 쓰곤 했기 때문이다. 그녀는 반값에 판매하는 공연 티켓을 사서 건물 바깥에 줄을 서서 기다렸다가 마침내 공연을 관람하던 그 시절을 무척 로맨틱하게 떠올린다. 그리고 "그것은 굉장히 행운이었다"고 말하곤 한다.

나탈리 포트먼은 명배우로서 부와 명성을 거머쥐었지만, 그녀의 삶의 풍요는 단순히 물질적인 성취만으로는 설명되지 않았다. 그녀의 가족은 가난한 이민자들이었지만, 저렴한 공연 티켓을 사서 향유할 수 있는 문화적인 기회에 정신적인 만족을 느끼며 지냈다. 멋진 차나 집을 갖지 못했지만, 이런 '주관적인 긍정주의'를 바탕으로 이상과 희망을 품고 산 것이다.

미국의 이민자들이 불굴의 의지와 개척정신으로 빠르게 적응해간 것도 아메리칸 드림이라는 이상에 참여하고 있다는 주관적인 느낌 때문이었다. 이들은 스스로 선망과 기대를 갖고 선택한 나라의 구성원으로서 끝없이 삶을 긍정했고, 그 믿음을 토대로 미국인이 돼 갔다.

이런 긍정의 메커니즘은 미국에서 이민 2세대들이 유난히 빠르게 미국 사회에 동화되는 이유를 설명해준다. 미국은 이민자 자녀들을 언어적으로 동화시키는 데 유능했다. 미국의 사회학자 리처드 알바 (Richard Alba)가 이민자 가정의 취학연령대 아이들을 연구한 자료(2004)에 따르면 이민 2세대 대부분은 영어를 유창하게 구사했다. 이민 2세대들은 히스패닉 출신 중에서는 92%가, 아시아 출신 중에서는 96%가 영어를 잘 구사하는 것으로 나타났다. 그리고 이민 3세대로 가면 영어가 단일 언어로 사용되는 것이 지배적인 현상으로 나타났다. 이민 3세대 아시아인의 92%는 오로지 영어만 사용했고, 히스패닉 중에서는 여전히 과반이 넘는 72%가 영어만 사용했다.

물론 미국에서도 국경지대에서는 이민 3세대까지 윗세대의 출신국 언어를 사용하는 현상이 나타나기도 한다. 예를 들어 텍사스의 브라운스빌 주민들은 스페인어 사용을 유지하고 있는데, 멕시코와 근접한 데다 이와 관련해 역사적인 뿌리가 깊기 때문이다. 하지만 이런 경우를 제외하고는 미국에서 이민 3세대는 이중 언어를 사용하는 경

향이 낮았다. 언어 및 문화적인 동화가 굉장히 빠르고 깊게 일어났다
는 것이다.

많은 학자는 미국에서 이민 2세대의 통합이 가장 성공적이라
고 평가하고 있다. 옥스퍼드대 교수 폴 콜리에르(Paul Collier)는 저서
『Exodus(탈출)』에서 이렇게 말했다.

"국가마다 이민자와 그 자녀들이 새로운 사회의 규범을 체득하도
록 하는 데 성공하는 정도가 다양하다. 가장 성공적인 곳은 미국이
다. 미국에서 자라는 아이들은 대다수가 불가피하게 미국의 가치에
동화된다. 유럽에서는 거의 그렇지 않다. 사실 오늘날 그 반대가 발
생한다는 증거들이 나오고 있다; 이민자들의 자녀들은 그들의 부모
보다 국가의 문화에 적응하기를 거부한다. 어떤 이민자 집단의 자녀
들은 스스로를 자신을 둘러싼 국가의 지배적인 정체성과 다르게 규
정하고 싶어 한다."

미국의 이민자들이 품은 '주관적인 긍정'은 이들이 재빨리 사회에
적응하도록 이끌었다. 미국은 개척자들과 혁신가들의 나라이기도 했
지만, 객관적인 현실과는 별도로 주관적인 긍정주의에 바탕을 둔 '희
망'을 갖고 적극적으로 통합되는 사람들의 나라이기도 했다.

자신을 둘러싼 사회는 살아볼 가치가 있는 곳이라는 믿음이야말
로 무언가를 이뤄내고 원만하게 살아갈 수 있는 원동력이 된다. 이민
자들이 갖고 있던 이 같은 긍정주의는 이민자들이 성실하게 열심히
일하며 살아가도록 하는 동력이 됐다. 더 나은 삶을 꿈꾸고 그것이

가능하다고 믿는 사람들이 많다는 사실은 미국 사회를 건강하게 했고 하나로 융합했다. 이것은 궁극적으로 더 많은 이민자를 끌어당기며 이민강국으로서 미국의 진보를 이끌었다.

더 나은
미래를
향한 믿음

미국의 이민자들이 긍정적인 태도로 악재를 딛고
열심히 노력하지만, 남는 것이 아무것도 없었다면 아메리칸 드림은 신
기루와 환상으로 끝났을 것이다. 단지 어느 한때 반짝이는 사회적 현
상으로 대두됐더라도 역사 속으로 사라져버렸을지 모른다는 것이다.

하지만 미국에서 아메리칸 드림은 그것이 현대에 퇴색돼버렸거나
사라져버렸다는 일각의 비판에도 불구하고 꿋꿋이 살아남아 새로운
이민자들을 끌어들이고 사회구성원들에게 희망을 주고 있다. 여전히
상당수의 이민자들이 살아생전 그것을 경험하고 있기 때문이다.

성공과 풍요로운 삶은 단순히 무엇을 성취하는 것만 의미하지 않
는다. 이민을 택한 많은 사람은 더 나은 삶을 이야기할 때, 항상 '아
이들을 위한 더 나은 미래'를 말한다. 즉 그들은 아이들이 비교적 팬
찮은 삶을 보장받을 수 있고, 자신들이 살아생전에 자녀들의 성공을

목격할 수 있다면 그것만으로도 굉장한 무언가를 얻었다고 믿는다. 이 때문에 설령 이민자 부모가 영어 구사력이 낮고 가난하다고 하더라도, 그것은 더 나은 삶을 향한 희망에 장애물이 되지 못했다. 자녀들은 더 나은 삶을 살 수 있을 것이기 때문이다.

비비안 루이가 저서 『Keeping the Immigrant Bargain(이민자 협상의 유지)』에서 도미니카공화국과 콜롬비아 출신의 이민자 가족들을 인터뷰한 뒤 "그들은 자신들이 실제로 얻는 경제적인 이익이나 손실과 관계없이 (사회적인) 이동성에 대해 긍정적이었다"고 말한 것도 이같은 맥락에서 나온 것이었다. 비비안 루이는 책에서 이민자 가정의 부모들이 "아메리칸 드림에 대한 영속적인 신뢰와 부모 세대가 이루지 못한 것을 다음 세대는 이루리라는 전망을 공유하고 있었다"고 설명했다. 자신이 직접 경제적인 풍요를 누리지는 못하더라도 다음 세대는 더 나을 것이라는 확신이 있었다는 것이다.

이민자들의 유입은 미국에서 사회적인 이동성에 대한 믿음을 나타내는 것이기도 했다. 존 F. 케네디 대통령은 저서 『A Nation of Immigrants(이민자들의 나라)』에서 이렇게 말했다.

"사회학자들은 멜팅 팟(Melting Pot, 용광로)의 과정을 '사회적인 이동성'이라고 부른다. 미국의 특성 중 하나는 언제나 경직적인 계급구조가 미약했다는 것이다. 이것은 전통적으로 사람들이 사회적인, 그리고 경제적인 계층구조에서 위로 이동하는 것을 가능하게 했다. 심지어 누군가는 스스로가 위로 이동하지 못한다고 해도, 언제나 자신의 자녀들이 할 수 있다는 희망이 있었다. 이민은 그 자체로 사회적인 이동성에 대한 믿음의 제스처였고 더 나은 삶의 가능성에 대한 긍정적인 믿음을 표현하는 행동이었다. 그러므로 이것은 미국 사회에서 개인적인 향상이라는 정신을 발전시키는 데 굉장히 기여했고, 미래를 바꾸는 데 국가적인 자신감을 강화했다. 이런 자신감은 널리 공유됐고 국가적인 분위기를 형성했다. 미국이 제공한 기회는 꿈이 이뤄지게 했고, 이것은 적어도 많은 사람에게 좋은 것이었다."

또한 케네디는 책에서 "미국에서 평등은 절대 조건이나 능력에 대한 말 그대로의 평등을 의미한 적이 없었다"고 말했다. 어느 사회에서나 특성이나 능력에 대한 불평등은 있었다. 미국 사회에서 평등은 결과의 평등이 아니라, 독립선언에서 있는 문구처럼 '모든 사람은 평등하게 만들어졌고 조물주로부터 특정한 불가분의 권리를 부여받았다'는 것이었다.

케네디는 미국에서 평등에 대한 철학이 사람들의 에너지를 발산했고, 경제를 건설했고, 대륙을 정복했고, 정부의 구조를 형성 및 재형성했고, 전 세계를 향한 미국의 태도에 생기를 불어넣었다고 설명했다. 이민자의 지속적인 유입도 그 믿음에 기반한 것이었다.

미국에서 대다수 이민 1세대가 사회적인 이동성이 제한적이었던 것은 분명하다. 상당수는 영어를 잘 구사하지 못했고, 자신들이 사회에 동화될 가능성에 대해 비관적이었다.

아직도 많은 이민 1세대는 미국에 이민 온 뒤에도 사회에서 이질적인 존재로 살아간다. 이들은 대개 미국 주류 문화를 실제보다 더 좁게 인식하는데, 이른바 '미국 현지에서 태어난 백인 중산층'으로 인식하는 식이다. 이것은 실제로 그들이 미국에서 살면서 미국인으로 인식되지 않은 경험에 의해 형성된 것이었다. 백인이 아니거나, 중산층이 아니거나, 현지에서 태어나지 않았다는 이유로 이방인 취급을 당했기 때문이다.

심지어 상당수 이민 1세대는 자신들이 어떻게 느끼거나 얼마나 성공하든지 간에, 절대 미국인으로 받아들여지지 않을 거라고 생각하며 살아갔다. 멕시코 출신으로 25세에 미국으로 건너간 저널리스트 호르헤 라모스(Jorge Ramos)도 수많은 상을 타고 작가로 활동하며 성공한 이민자로 꼽히지만, 이민 1세대로서 스스로를 미국에서 이질적인 존재라고 느끼며 살았다. 그는 2003년 이민자로서의 삶을 담은 『No Borders(국경은 없다)』 출간을 계기로 '마이애미 북 페어(Miami Book Fair)'에서 강연을 하며 자신의 정체성에 대해 이렇게 말했다.

"종종 나는 내가 마이애미나 플로리다와 같은 미국에 소속되지 못한다고 느낀다. 나는 다른 도시로 여행을 많이 다니는데, 사람들은 내 발음을 들으면 '어디서 왔느냐'고 묻곤 한다. 그들은 나를 미국 출신이라고 생각하지 않고, 내가 외국인이라는 것을 안다. 그러므로 나는 종종 미국에 소속되지 못한다는 이런 이상한 느낌을 받게 된다. 아들, 딸이 여기서 태어났고 부인도 푸에르토리코 출신 미국 시민임에도 말이다. 흥미로운 것은 내가 미국에 온 지 20년이 됐음에도 불구하고 여전히 스스로를 이민자라고 느낀다는 것이다. 내가 종종 스페인어를 사용한다는 것이나 발음 때문에, 또는 멕시코에 있는 내가 태어난 집에 대한 꿈을 꾸기 때문인지도 모른다."

미국 사회에 잘 정착해 성공한 이민자들도 그러할 진데, 다른 이민자들은 어떻겠는가?

이민 1세대들은 상당수가 자신이 미국 사회에 들어맞지 않는다는 인식하에 원주민들과 어떻게 어울려야 할지 모르는 상황에 처했다. 또 이들 대부분은 특정한 문화적인 차이를 극복하기 어렵다고 믿었다. 아메리칸 드림에 참여할 수 있다고 믿음에도 불구하고, 그와 동시에 자신들이 미국의 일부라고 느끼지 않는 다소 상반된 인식이다.

이것은 언어적인 차이에서 비롯되기도 했다. 이민 1세대들은 입국 당시부터 영어를 유창하게 구사한 게 아닌 경우 늦은 나이에 이민을 올수록 영어 습득에 어려움을 겪었다. 게다가 성인이 되면 영어 교육을 받을 기회가 극히 적다. 설령 기회가 있더라도 자녀 양육과 가사 노동, 직장생활로 인해 별도의 교육을 받으면서 언어 실력을 쌓기란 무척 어렵다.

아울러 이민 1세대들은 종종 새로운 나라의 문화적인 규범과 그 의미를 파악하거나 이해하지 못했다. 그리고 다른 사람들에 의해 인종을 기준으로 히스패닉이나 아시아인으로 불리면서 나쁜 고정관념과 결합된 편견이나 차별을 종종 마주했다. 본국에 있을 때는 절대 느낄 수 없었던 '인종으로 누군가에 의해 분류되는' 경험을 하게 된 것이다.

이민 1세대들이 마주하는 악재는 경제적인 열악함으로 인해 때때로 주류 원주민들과 분리된 주거지에서 거주하면서 더욱 증폭됐다. 그들은 사회적인 고립과 문화적인 소외라는 이중고에 시달렸다. 그리고는 예전에 갖고 있던 정체성을 잃어버릴 뿐 아니라, 새로운 나라에서 현재도 받아들여지지 않고 앞으로도 받아들여지지 않을 거라는 비관주의에 시달렸다.

하지만 그것은 부정적이거나 나쁜 메커니즘으로 작용하지 않았다. 이민 1세대가 느끼는 긍정주의와 비관주의의 복합은 다음과 같은 독특한 메커니즘을 낳았기 때문이다.

먼저 본인들의 동화를 비관적으로 전망하는 부모들은 자녀들에게 더 나은 기회를 제공하기 위해 새로운 땅에 억척스럽게 정착했다. 본인들은 모든 면에서 출발선이 다르기에 사회적인 지위가 상승될 가능성이 제한적이지만, 자녀 세대는 더 나은 삶을 살 것이라고 믿었다. 그들은 이런 믿음을 바탕으로 더 나은 삶을 희망하며 열심히 일했고, 자녀를 교육시켰다.

이민 1세대들은 이민자에 대한 부정적인 편견이 잘못됐다는 것을 입증하기 위해 자녀들에게 빼어난 실력으로 자신들을 둘러싼 차별을 극복할 것을 주문하기도 했다. 또 아이들에게 그들이 부모에 비해 높은 교육수준과 미국 사회에 대한 문화적인 친밀함, 영어의 유창함이라는 이점이 있음을 강조하며, 각종 장벽에 당당히 맞설 수 있다는 것을 주지시켰다. 자녀들은 성공을 통해 이민 1세대 부모의 희생에 보상해야 한다고 느끼며 각고의 노력을 기울였다.

미국 사회에서 많은 이민 1.5세대와 이민 2세대가 교육적으로, 물질적으로 성공하는 것은 이런 메커니즘에 의한 것이었다. 이들은 현실에서 비관주의를 마주하면서도 '자녀 세대는 더 나을 것'이라는 희망을 갖고 삶을 개척한 부모 세대의 영향을 받으며 자랐다.

개리 샤피로는 저서 『The Comeback(컴백)』에서 미국이 위대한 것은 군대가 세계를 점령해서도, 다른 나라보다 국경을 더 멀리 확장해서도 아니라고 말한다. 그는 누구든 그곳에 온 사람들에게 간단한 거래(deal)를 제공하기 때문에 미국이 위대하다고 주장했다. 그 거래는 "우리의 자유로운 사회에서 열심히 일해라, 그러면 당신의 자녀들은 당신이 누린 삶보다 더 좋은 삶의 기회를 얻을 것이다"라는 것이다. 그것이 수많은 이민자가 이해하고 받아들인 아메리칸 드림의 개념이었다.

사회적인 이동성에 대한 믿음은 아메리칸 드림의 중심에 있었다.

이민자들이 가진 꿈의 상당 부분은 평범한 사람이 미국에서 새로운 삶을 시작했을 때, 적어도 자녀 세대부터는 삶이 더 나아질 수 있다는 확신이었다. 이민의 물결은 그 꿈에 기반하고 있었다. 이것이 『미국의 민주주의(De La Démocratie en Amérique, 2008)』 저자 알렉시스 드 토크빌에게 깊은 인상을 준 정신이자 그가 '평등의 정신'이라고 부른 것이었고, 실제로 미국에 스며있는 문화였다.

미국인들은 모든 사람은 평등하며, 무언가를 성취하는 데 있어서 같은 기회가 주어져야 한다고 믿었다. 미국에서 얻는 지위는 개인이 어떻게 하느냐에 따라 결정됐다. 미국 사람들은 성공하는 데 있어서 출신배경이 중요하다고 생각하지 않았다.

미국에서의 성공은 '노력과 행동에 기반한 개인의 성공'일 때 가장 달콤한 것으로 인식됐다. 노력 없이 물려받은 지위보다는 새롭고 스스로 만들어낸 부(富)야말로 가장 자랑스러워할 만한 것으로 여겨졌다는 것이다. 스스로의 노력이 아닌, 가족으로부터 물려받아 얻은 것은 내세울 만한 것이 되지 못했다. 사람들은 자신의 실력을 증명해 보여야 했다.

많은 학자는 미국에서 누군가가 소속된 집단이나 가족의 지위가 아닌 '개인의 지위'를 강조하는 건 캘빈주의적인 믿음에서 기원한 것이라고 해석한다. 신 앞에서는 모두가 동등하기에, 누구든 열심히 노력한다면 무엇이든 이룰 수 있다는 것이다.

어쨌거나 미국은 사회적인 이동성이 다른 어떤 곳보다 활발하거나 가능하다고 인식되는 곳이었고, 미국에서 영웅들은 하나같이 자력으로 인생에서 무엇을 성취한 개인들이었다. 그렇기에 미국에서 많은 정치인은 자신을 '가난하게 자라서 다른 사람의 도움 없이 스스로의 노력으로 대통령이 되어 자수성가한 에이브러햄 링컨(Abraham

Lincoln)과 같은 사람'으로 묘사했다.

미국에서는 실제로 집안배경과 관계없이 성취를 이룬 사람들을 곳곳에서 볼 수 있다.

드와이트 아이젠하워(Dwight Eisenhower) 대통령의 초기 내각은 노동부 장관 1명을 제외하고는 사업가로 구성되면서 '9명의 백만장자와 배관공(nine millionaires and a plumber)'이라고 불렸지만, 그중 2명만 부유한 가정 출신이었다. 나머지는 농부, 은행 캐셔, 교사, 조그마한 텍사스 마을의 유일한 법률가 등의 자녀였다. 대부분이 자수성가했다는 얘기다.

존 F. 케네디 대통령 내각 초기 행정부의 별명은 '포토맥의 하버드(Harvard on the Potomac)'였지만, 그의 내각 역시 집안배경으로 따지자면 아이젠하워 내각보다 엘리트는 아니었다. 로버트 케네디(Robert Kennedy) 법무부 장관은 하버드대에서 교육받은 부자였고 더글러스 딜런(Douglas Dillon) 재무부 장관은 기득권층 출신이었지만, 다른 사람들은 그렇지 않았다. 나머지는 농부, 신발 매장 세일즈 매니저, 남성복 매장 소유자, 이민자 출신의 공장 노동자 등의 자녀로 구성돼 있었다. 이들은 광범위하게 배경이나 취향, 또는 문화를 공유하는 계층이 아니었다. 권력이 있었지만 특정 계급 출신은 아니었다는 것이다.

미국인들은 여전히 초라한 출신배경을 딛고 꿈을 이루고 있다. 미국 민주당 상원 원내대표 해리 리드(Harry Reid)는 광부 가정에서 태어났고 가난 속에서 자랐다. 미국 하원의장을 지낸 존 베이너(John Boehner)의 부모는 술집을 운영하면서 자녀 12명을 키웠다. 오바마 정부에서 노동부 장관을 지낸 힐다 솔리스(Hilda Solis)는 멕시코와 니카라과에서 이민 온 뒤 공장에서 일하며 생계를 꾸린 이민자 부모 밑에서 자랐다.

미국에서 사회적인 이동성에 대한 믿음은 뿌리 깊은 것이었다. 로버트 퍼트넘(Robert D. Putnam)은 저서 『Our Kids(우리 아이들)』에서 "오늘날 미국에서 소득과 부의 분배는 '점령 운동(Occupy movement, 월가 점령 시위)'에 의해 1% 대 99%라는 틀로 규정되며 논쟁을 일으켰지만, 역사적으로 미국인들은 그런 불평등에 대해 크게 걱정하지 않았다"고 말했다. 누구든지 동등한 성취를 이룰 수 있다고 믿었기 때문이다. 그는 이렇게 말했다.

"우리는 다른 사람들의 성공을 시샘하거나 높은 사회적·경제적인 사다리를 신경 쓰지 않곤 했는데, 그것은 모든 사람이 같은 장점과 에너지를 가진 가운데 그것을 오를 수 있는 동등한 기회를 부여받았다고 추정했기 때문이다."

이민자 가정에서도 이런 사회적 이동성에 대한 믿음으로 인해 이민 1세대 부모가 경험한 좌절 가운데서도 이민 2세대들의 성공이 희망으로 회자되고 실현될 수 있었다. 사회적인 이동성은 새로운 미국인들에게 그들이 얼마나 멀리 갈 수 있는지를 깨닫게 했다. 수많은 이민자는 자기 손으로 이뤄내는 '새로운 성공'을 하고 싶어 했고, 스스로의 운명을 형성할 수 있다는 희망에 의해 동기와 자신감을 얻었다.

물론 미국에서 사람들의 이상과 실제 현실은 다소 모순적인 측면
이 있다.

미국의 건국자들은 '모든 인간은 평등하게 지어졌다'는 이상을 말
하면서 노예를 소유했고, 미국 대학들은 공정한 기회를 강조하면서
동문들의 자녀 입학을 선호하곤 했다.

〈월스트리트저널〉은 2003년 1월 보도에서 "대부분의 미국 대학은
졸업생들의 친척, 심지어 종종 손주나 형제자매, 조카를 최소한 어떤
수준으로 선호하고 있다"고 지적했다. 학교들은 동문들의 장기간에
걸친 재정적인 지원이 이 같은 선호의 주요 이유라고 밝혔다고 한다.

보도에 따르면 대부분의 아이비리그대 학생 중 동문들의 자녀는
10~15%를 차지하는데, 이들의 입학 허가 비율은 다른 집단에 비
해 급격히 높았다. 하버드대는 동문과 관련된 지원자(legacy applicants)의
40%를 받아들였는데, 이는 전체 지원자들의 합격률(11%)보다 높았
다. 펜실베이니아대 역시 동문 관련 지원자의 41%를 받아들였는데,
이 역시 전체 합격률(21%)보다 높았다. 노트르담대는 전체 학생들
의 23%가량이 졸업생들의 자녀들이었다.

미국에서도 사회구성원들이 부모나 친인척에 의해 다른 사람들보
다 더 혜택을 보는 일이 있다. 이렇게 부를 얻는 사람들이 점점 계급
을 만들고 있다는 지적도 제기됐다.

사실 많은 학자는 문자 그대로 '계급이 없는 사회'는 환상에 가깝
다고 지적하고 있다. 미국의 사회학자 피티림 소로킨(Pitirim A. Sorokin)은

"실제 현실에서 구성원들 사이에 계급이 없는 사회는 인류 역사상 단 한 번도 실현된 적이 없는 신화"라며 "계층화의 형성과 구성은 다양할지라도, 그 본질은 영원하다"고 말했다.

그럼에도 불구하고 사회적인 이동성에 있어서 미국이 구별되는 측면은 분명히 존재했다. 역사학자 데이비드 포터(David Potter)는 저서 『People of Plenty(풍요로운 사람들)』에서 "계급 분화가 새로운 게 아니라고 해도 오늘날 계층화엔 특정 요소들이 있는데, 이것은 기존의 계급층과 구별되게 하고 미국의 상황을 본질적으로 독특하게 한다"며 다음과 같이 말했다.

"이런 요소 중 하나는 이 나라에서 사회적인 장벽은 국가의 이상을 침해한다는 사실이다. 그렇기 때문에 그것을 겨우 의식하는 것만으로도 대중의 사기를 손상시킨다. 다른 사회가 그것들을 자연의 섭리 중 일부로 수용하는 데에 반해, 우리는 그것들을 인정하는 것을 거절했고 실제로 존재하지 않는 이론에 따라 삶을 살아갔다."

미국 사회에서는 부모로부터 득을 봤을지라도 본인의 성취가 아니면 자랑할 거리가 되지 못했다. 설령 부자라고 하더라도 스스로 그 부를 만들지 못한 사람은 특별히 능력이 있다고 여겨지지도, 사회에서 영향력을 발휘하지도 못했다. 집안배경 때문에 부유한 사람들이 미국 사회 일각에서 특유의 '상류계급 문화'를 만들었을지는 모르겠지만, 나머지 사회에 변화를 만들어내진 못했다는 것이다. 그들의 삶은 그들 스스로에게만 관련이 있을 뿐이었다.

미국인들은 부모로부터 거대한 재산을 물려받은 귀족 같은 삶보다는 스스로의 힘으로 열심히 일해서 만족스럽게 사는 중산층을 이상적인 모델로 여겼다. 이런 문화를 보여주는 게 미국에서는 부자들도 중산층처럼 옷을 입고 생활하는 것을 흔히 볼 수 있다는 것이다. 페이스북 CEO 마크 저커버그는 티셔츠 차림으로 언론에 등장하고 있고, 애플(Apple) 창업자 스티브 잡스(Steve Jobs)는 생전에 검은색 티셔츠와 청바지 차림으로 프레젠테이션을 하곤 했다.

미국 사회가 '스스로 노력해서 이룩한 부(富)와 성취'를 이상적으로나마 중시하고 영예롭게 여긴 것은 수많은 이방인이 사회에서 무언가를 이룰 수 있게 했다. 이민자들에게 누구든 노력과 실력을 갖추면 풍요로운 삶을 살 수 있다는 것을 주지시켰기 때문이다.

'아이들의 더 나은 미래'를 위한 희망은 이민자들의 지속적인 노력과 헌신의 추동력이 됐다. 이것은 모든 미국인에게 변화는 삶의 핵심이라는 것과 미국에서의 삶은 결론이 아니라 과정이라는 것을 깨우쳤다. 그렇기에 이민 1세대는 때때로 자신은 차별받고 사회에 동화되지 못한다고 느낄지라도 자녀 세대는 주류 사회에 편입돼 더 나은 삶을 살 것이라고 믿었다. 이것은 미국 사회 구성원들이 삶에 있어서 개척자적인 정신, 기회의 평등을 향한 욕구, 그리고 희망을 생생하고 강하게 유지하도록 했고, 사회의 발전을 이끌었다.

차별을
뛰어넘는
정신력

　　미국에서 이민자와 그 후손들이 사회에서 잘 정착하고 성공할 수 있었던 것은 그곳에서 모든 사람이 다양성을 존중하거나 이방인에 대한 차별이나 편견이 없어서가 아니었다.

　미국 역사상 이민자와 유색인종에 대한 차별이 없던 적은 단 한 번도 없었다. 이민자들을 유입한 나라치고 차별이 이슈가 되지 않은 곳은 한 곳도 없다. 가장 다양한 이민자들을 받아들인 미국도 예외일 수 없다. 이민자들이 아무리 언어와 문화를 잘 습득해 사회에 완벽히 녹아들어 간 '미국인'이 됐다고 하더라도 보이지 않는 차별은 존재하기 마련이었다.

　미국은 이민자들에 의해 세워진 나라임에도 불구하고 미국인들은 새로 온 사람들에게 편견을 갖곤 했다. 물론 유럽 출신 이민자들은 유색인종이 경험한 극심한 차별을 비교적 덜 마주했다. 하지만 미국에서 '정통적인 건국의 아버지들 같은 백인'의 후손이 아닌 이민자들은 시대를 막론하고 역사적으로 다양한 종류의 차별을 마주해야 했다.

미국의 사회학자 필립 카시니츠(Philip Kasinitz)와 존 몰런코프(John H. Mollenkopf) 등이 공동집필한 저서 『Inheriting the City(도시를 물려받기)』를 보면 미국에서 차별과 편견이 피부색을 막론하고 상당수의 사람에 의해 경험되고 있다는 통계가 나온다.

1995~1996년 전국 미국인 조사(National Survey of Americans) 결과 전체 인구의 33%는 일생에서 주요 차별에 노출된 적이 있고, 61%는 일상적인 차별에 노출된 적이 있다고 응답했다. 이런 차별은 사회적으로 취약한 지위[여성, 비(非)백인, 교육수준 또는 소득수준이 낮은 사람]의 사람들이 더 빈번하게 경험했다고 답했다.

이 조사에서 흑인의 49%는 일생에서 최소한 한 번의 차별을 경험했다고 보고됐는데, 이것은 고용되거나 승진하지 못하는 것, 서비스를 받는 것을 거절 또는 거부당하는 것, 선생님으로부터 더 높은 교육을 받는 것을 좌절당하는 것, 경찰로부터 들볶임을 당하는 것, 집을 임차하거나 사는 것을 방해받는 것, 장학금을 거절당하는 것, 의료적인 보살핌을 거부당하는 것, 강제적으로 이웃을 떠나야 하는 것 등으로 조사됐다. 백인의 31%도 이 같은 것 중에 하나를 경험한 것으로 보고됐다.

이렇게 너도나도 차별을 경험한다는 것은 여러 가지 생각거리를 준다. 편견이나 차별에 관한 질문이 각기 다른 집단에 같은 것을 의미하지 않을 수 있고, 차별과 편견이라는 단어를 광범위하게 사용하는 것은 하위집단 간의 차이를 발견하는 것을 어렵게 할 수도 있다는 것이다. 무엇보다도 이런 통계는 우리가 편견이나 차별이라는 이름으로 어떤 불평등한 또는 불공정한 대우가 종종 '주관적으로' 경험되는 세계에 살고 있다는 것을 보여준다.

사실 서로 다른 배경을 지닌 사람들이 모여 살다 보면 어떤 식으로든 서로 간의 차별과 고정관념이 생기기 마련이다. 만약 미국의 이민자들이 그것을 비판하고 좌절하는 데 끝났다면 이민강국은 탄생하지 않았을 것이다. 하지만 이민자들에게는 차별을 긍정적으로 승화시키는 기질이 있었다. 이런 차별이 도전의 씨앗이 됐기 때문이다. 즉 차별은 성공하기 위해 더 많이 노력해야 할 필요로 인식됐다. 차별이 포기해야 할 이유로 해석되는 게 아니라, 누군가가 얼마나 뛰어날 수 있는지를 보여줄 계기로, 누군가가 다른 모든 사람에 비해 낫다는 것을 보여줌으로써 개인의 특성이 인종적인 편견을 이기게 하는 계기로 해석된 것이다.

비비안 루이가 저서 『Keeping the Immigrant Bargain(이민자 협상의 유지)』에서 도미니카공화국과 콜롬비아 출신의 이민자 가족을 분석한 것을 보면 이민자들이 차별을 인정하면서도, 그것을 변명 삼고 '남 탓, 환경 탓' 하며 실패나 포기를 정당화하지 않는 경향을 엿볼 수 있다.

저자가 인터뷰한 이민자 부모들은 인터뷰에서 상당히 모순된 발언을 한다. 그들은 라티노에 대한 차별이 존재한다고 믿었고, 실제로 꽤 상세한 근거를 들면서 차별을 주장한다. 하지만 그와 동시에 라티노에 대한 차별이 존재하지 않는다는 것에도 공감한다. 즉 차별은 있으면서 없다는 다소 모순적인 시각이었다.

책에 나오는 한 여성은 "라티노 집단의 사회적인 이동성을 구조적인 한계에 의한 것으로만 여기지 말라"고 경고한다. 현실은 그보다 더 복잡하며 각자의 개인이 고려돼야 하는 만큼, 모든 좌절을 외부 환경 탓으로 돌리지 말라는 것이다. 그녀는 이렇게 말했다.

"차별은 존재한다. 하지만 나는 그게 당신이 원하는 걸 이루는 것을 멈추게 하는 무엇이라고 믿지 않는다. 내가 그렇게 생각하는 이유는 '왜 누군가는 뭔가를 이루고, 누군가는 그렇게 하지 못하느냐' 때문이다. 그렇다. 차별이 존재하는 것은 맞지만, 많은 히스패닉은 그것을 자신의 실패를 변명하는 데 사용한다. 나는 차별이 존재하는 것을 부인하지는 않지만, 내가 히스패닉이기 때문에 이게 이 모양이라고 말하는 것은 굉장히 쉽다."

미국에서 많은 유색인종 이민자 자녀는 자신들이 노동시장에서 불평등한 대우를 받을 거라고 생각했다. 이들은 신분 상승을 위해선 교육이 매우 중요하다고 생각했지만, 그 자체만으로는 충분치 않다고 여겼다. 그들에게 활동 무대는 인종적인 배경으로 인해 여전히 불균등하게 남아있을 것이기 때문이다. 일부는 미국에서 인종이 미묘한 벽으로 작용해 흑인들이 공정한 기회를 얻지 못하는 것처럼 자신들도 마찬가지일 거라고 생각했다.

하지만 많은 이민자가 장벽을 인식하는 동시에 차별이 그들의 사회적인 이동성을 제한하지 못하리라고 믿었다. 차별은 있지만 극복 가능하다고 본 것이다. 이민자들은 어떤 장벽이든 뛰어넘기 위해서는 능력에 대해 강한 믿음을 가져야 한다고 믿었다. 그렇기에 그들은 삶에서 차별의 힘보다는 '자기 패배주의'의 힘에 대해 더 많이 걱정했다. 이런 패배주의는 제어할 수 있는 것이었다. 이들은 성공이 환경에 의해 제약받을 수 있더라도 궁극적으로는 사람에게 달려있다는 것에 대한 믿음에 동의했다.

차별을 뛰어넘는 정신력이야말로 이민자들이 미국 사회에서 성공할 수 있던 원동력이었다. 미국의 이민자들은 차별을 인정했지만, 실패의 원인을 차별에만 돌리지 않았다. 장애물은 존재하지만 극복 가능하다고 믿었고, 그것이야말로 중요한 것이라고 생각했다.

데이비드 포터는 저서 『People of Plenty(풍요로운 사람들)』에서 미국의 풍요는 역사상 목격된 어느 사회보다 더 많은 기회의 평등을 허용했다고 주장한다. 그리고 "심지어 기회의 평등에 대한 대중적인 믿음이 과장됐더라도 미국인들이 우리 스스로 해낼 수 없으면 이것은 우리의 잘못이라고 믿도록 했다"고 말했다.

포터는 미국의 평등이 유럽처럼 결과의 평등을 의미한 게 아니라, 주요한 의미에서는 경쟁과 일치했다고 봤다. 그는 미국에서 '자유'는

'기회를 잡을 수 있는 자유', '평등' 역시 '동등한 기회를 잡을 수 있는 자유'를 의미하기 때문에 거의 동의어가 됐다고 주장했다. 이는 아메리칸 드림과도 일치하는 개념이었다. 노력하고 실력을 쌓은 누군가에게는 길이 열려있는 만큼 실패의 원인을 오로지 환경에만 돌리지 않는 것이다.

미국의 흑인 변호사이자 작가인 로렌스 오티스 그레이엄(Lawrence Otis Graham)은 저서 『Our Kind of People(우리와 같은 부류의 사람들)』에서 미국 역사상 사회적으로 성공했던 흑인들에 대해 상세히 소개했다. 오늘날 많은 사람이 흑인들 대부분은 과거부터 현재까지 가난하거나 저숙련 노동자라는 선입견을 갖고 있지만, 노예생활로부터 자유로워진 뒤 교육을 받고 전문적인 기술을 익혀 부를 축적한 흑인들도 꽤 많았다. 그는 책에서 미국 전역에 걸쳐 존재했던 흑인 엘리트들의 생활을 수록한 뒤 다음과 같이 말했다.

"그들은 지적 능력과 성공, 그리고 전통을 가치 있게 여기는 집단이었다. 그들이 아프리카와 서인도제도, 또는 유럽으로부터 이 나라(미국)에 노예 또는 자유로운 남녀로 도착했는지 모르지만, 그들의 업적과 기여는 미국의 토양에서 성취됐다. 노예제도와 노골적인 차별로부터 부와 성취를 향해 오르는 것이야말로 미국의 약속이다. 흑인 엘리트들의 가족은 아메리칸 드림에서 최고를 상징하고 있다. 그렇기에 흑인 상류계급의 이야기는 미국의 이야기인 것이다."

미국 사회에서 성공하는 이민자들과 유색인종들은 차별이 있다는 사실을 부정하지는 않지만, 그런 현실에 굴복당하거나 그것이 전부라고 생각하지 않았다. 그들은 차별과 악재를 딛고 노력해 부와 성취를 이뤄내는 것이야말로 아메리칸 드림의 핵심이라고 생각했다. 정신적으로 차별에 패배당하지 않은 것이다. 사람들은 제2의 길과 희망이 있다고 믿었고, 누군가는 그 길을 통과할 수 있다고 믿었다. 차별을 뛰어넘는 정신력은 강력하고 압도적이었다.

차별을 무력화시킬 수 있는 빼어난 정신력이 미국 사회에 문화적으로 침투해 있던 것은 실제로 누군가가 악재를 딛고 성공하도록 했다. 이들은 실제 뭔가를 이뤄냄으로 인해 편견을 불식시켰고, 이를 통해 차별을 서서히 무너뜨려갔다.

인생에
대한
주도권

    미국이 '이민자들의 나라'를 넘어 '이민강국'이 된 것은 이민자들과 그 후손들이 단순히 '보이지 않는 미묘한 차별'이나 '은밀한 편견'을 극복해서가 아니라, 악독하고 제도적인 차별마저 극복할 수 있는 문화와 사고방식이 사회 곳곳에 녹아있었기 때문이다.

    미국에서 아프리카로부터 노예선(船)을 타고 온 흑인들의 후손들은 20세기 중반까지 극단적인 차별에 시달렸다. 1960년대까지 미국은 '짐 크로(Jim Crow)'라고 불리는 인종차별 제도를 통해 흑인에 대한 억압을 정당화하거나 지지하고 있었다. 짐 크로는 단순히 법규를 넘어서 사회구성원들이 삶을 살아가는 방식이기도 했다. 일부 종교인들은 백인들은 '신에 의해 선택된 사람들'이며 흑인들은 '저주받은 하인들'이라고 생각했다.

    흑인들이 미국 사회에서 오래도록 '2등 시민'으로 고통받은 것은 이민국가로 설립되면서 발생한 비극이기도 했다. 미국이라는 나라가 건립될 당시, 비교적 발전된 나라에 살던 유럽인들이 미개발된 아프리카에서 흑인들을 노예로 데리고 왔기 때문이다. 당시 유럽과 아프리카에 존재했던 문명의 격차는 백인들로 하여금 아프리카에서 온 흑인들을 근본적으로 지적으로나 문화적으로 열등하고 미개하다고 여기게끔 만들었다.

짐 크로 시스템도 백인들이 지적으로, 도덕적으로, 그리고 교양적인 행동의 측면에서 흑인보다 우수하다는 믿음에 근거했다. 사람들은 우수한 백인과 열등한 흑인이 결합해 자손을 낳으면 미국을 망칠 거라고 생각했다. 이 때문에 흑인을 동등하게 대하거나 사회적인 평등을 지향하는 활동은 다른 인종 간에 성(性) 관계를 촉진시킬 수 있다며 금기시했다. 또 흑인을 사회계급상 가장 아래에 머물도록 하기 위해 폭력을 당연시하기도 했다.

짐 크로 에티켓 규범은 이런 사상하에 만들어졌는데, 주요 내용은 아래와 같았다.

- 흑인 남성은 백인 남성에게 악수하기 위해 손을 내밀면 안 된다. 그것은 사회적으로 동등하다는 것을 함축하기 때문이다. 당연히 백인 여성에게도 손을 내밀면 안 된다.
- 흑인과 백인은 함께 식사해선 안 된다. 만약 같이 먹었다면 백인이 먼저 대접을 받아야 하고, 어떤 종류의 구분이 그들 사

이에 있어야 한다.

- 백인은 흑인을 언급할 때 '미스터(Mr.)', '미세스(Mrs.)', '미스 (Miss)', '서(Sir)', '맴(Ma'am)'과 같은 예우를 갖춘 호칭을 쓰지 않는다. 대신 흑인은 이름으로 불린다. 흑인은 백인을 언급할 때 이름을 불러선 안 되고, 예우를 갖춘 호칭을 써야 한다.
- 흑인이 백인이 운전하는 차에 탈 경우 뒷좌석에 타거나 트럭의 뒤에 타야 한다.

이 같은 짐 크로 에티켓은 짐 크로 법과 결합돼 작동했다. 짐 크로 법은 흑인들을 공공 교통수단이나 시설, 직업 등에서 배제한 것으로 일상생활의 모든 영역에 영향을 미쳤다. 짐 크로 법은 주(州)마다 조금씩 다르게 작동했지만, 아래가 그중 일부의 내용이다.

- 모든 교통시설에 백인과 흑인 간에 구분된 대기 공간 및 티켓 창구를 둬야 한다(앨라배마).
- 모든 백인 학교와 흑인 학교는 구분해 운영해야 한다(플로리다).
- 사서는 도서관에 책이나 간행물을 읽으러 오는 흑인들을 대상으로 구분된 공간을 운영해야 한다(노스캐롤라이나).

짐 크로 법과 에티켓 시스템은 폭력에 기반하고 있었다. 짐 크로 규범을 위반한 흑인들은 집과 일자리뿐 아니라 생명도 위협받았다.

백인은 흑인을 폭행하고도 형사처벌이 면제됐다. 짐 크로 형사처벌 시스템은 경찰, 검사, 재판관, 배심원, 교도관까지 모두 백인으로 가득 차 있었기 때문이다. 흑인들은 이에 맞선 법적인 보호를 거의 받을 수 없었다.

짐 크로 폭력의 가장 극단적인 형태는 사적 제재(lynching)였다. 사적 제재는 폭도들에 의해 공공연하게, 주로 교수형의 형태로 자행됐다. 미국 터스키기대 자료에 따르면 1882년부터 사적 제재가 뜸해진 1968년까지, 3,446명의 흑인을 비롯해 4,743명이 피해를 본 것으로 집계됐다. 1880년대 중반까지는 대다수 피해자가 백인이었지만, 1880년대 후반부터는 흑인이 주요 피해자였다. 가해자들은 잘 잡히지도 않았지만, 체포돼도 기소되는 경우가 드물었다.

많은 백인은 사적 제재라는 행위는 나쁜 것이지만, 흑인들이 백인 여성에 대한 강간 등 폭력 범죄를 저지르는 경향이 있는 만큼 필요한 요소라고 주장하며 정당화했다.

사적 제재는 여러 가지 목적으로 자행됐다. 저렴한 오락거리이기도 했고, 소득과 지위가 낮은 백인들에게는 자존심의 메시지이기도 했다. 백인의 지배를 유지하기 위한 수단이기도 했다. 백인 여성을 쳐다봤거나 백인 남성의 직업을 가지려고 하고, 투표를 하려고 시도한 흑인 남성에게 어떤 일이 일어나는지 똑똑히 보여주는 예시기도 했다. 어떤 이들은 소수를 살해하는데 만족하지 않고 흑인들의 거주지에 가서 추가적인 생명과 재산을 파괴했다.

하지만 우리가 미국의 역사에서 비극과 함께 목격할 수 있는 것은 차별의 광풍 속에서도 놀라우리만치 자기 인생의 주도권을 쥔 사람들이다. 이들은 환경에 휘둘리지 않을 수 있다는 것을 증명해 보였고, 유리천장을 깨면서 사회의 진보를 가져왔다.

흑인 여성 최초로 백악관 국가안보 보좌관과 국무부 장관을 지낸 콘돌리자 라이스는 짐 크로가 횡행하던 1954년에 태어나 인종차별이 극심했던 앨라배마 주 버밍햄에서 어린 시절을 보냈다. 하지만 그녀는 한 번도 자신을 피해자로 여긴 적이 없다고 한다. 스스로를 피해자라고 생각하는 순간 인생에 대한 주도권을 환경에 내맡기게 되기 때문이다. 콘돌리자는 2010년 10월 WGBH 포럼에서 성장기에 부모가 해준 다음과 같은 이야기를 소개했다.

"네가 자신을 피해자라고 생각하는 순간, 너는 네가 처한 상황에 대한 제어 능력을 잃은 거야. 또 네가 스스로를 피해자라고 생각하고 슬픔에 빠진 순간, 너는 명명(命名)이라는 슬픔의 '쌍둥이 형제'에게 내맡겨지는 셈이 되지. 그리고 명명은 너에게 이렇게 말하도록 해. '그들이 내게 무엇을 안 해주지? 왜 그들은 내게 이런 걸 주는 거지?' 그리고 너는 스스로 무언가를 획득할 수 있는 역량과 동력을 잃는 거야."

그녀의 부모는 인생에 대한 주도권을 믿었다. 딸이 어렸을 때 흑인이라는 이유로 버밍햄에서 레스토랑이나 호텔에 데려갈 수 없었지만, 대신 이렇게 확신시켰다.

"네가 울워스(Woolworths, 상점 이름)에서 햄버거를 사 먹을 순 없지만,

네가 원한다면 미국의 대통령이 될 수 있어."

콘돌리자의 부모는 딸에게 "너는 주어진 상황을 제어할 순 없지만, 그에 대한 너의 반응을 제어할 순 있다"고 말하곤 했다. 이를 위한 가장 좋은 방법은 바로 교육이었다. 그들은 교육이야말로 편견에 맞서고 스스로의 인생을 주도하기 위한 중요한 갑옷이라고 믿었고, 교육에 온전히 헌신했다. 딸이 완벽한 영어를 구사하도록 했고, 프랑스어와 피아노와 피겨스케이팅을 배우도록 했다. 제대로 된 방법으로 포크를 사용하도록 에티켓 레슨까지 시켰다.

콘돌리자는 가족에 대한 회고를 담은 저서 『Extraordinary, Ordinary People(비범한, 평범한 사람들)』에서 다음과 같이 회상했다.

"객관적으로 백인들은 모든 권력을 갖고 있었고, 흑인들은 하나도 갖고 있지 않았다……. 앨라배마에서 백인과는 어떤 대립을 하더라도 질 게 틀림없었다. 하지만 부모님은 이렇게 믿었다. '너는 교육과 노력, 완벽한 영어 구사, '그들의' 문화에서 '더 훌륭한 것들'에 대한 이해로 그 방정식을 바꿀 수 있다. 네가 그들보다 두 배 더 잘하면 그들은 너를 좋아하진 않을지 몰라도, 너를 존중해야 한다. 누군가는 만족스럽고 생산적인 삶으로 인해 자리를 찾을 것이다. 네 상황에서 무력한 피해자가 되는 것만큼 나쁜 게 없다.'"

이것은 단순히 빼어난 한 개인의 이야기가 아니었다. 콘돌리자의 가족이 살던 지역사회에서는 이 같은 정서가 두루 공유되고 있었다. 그녀는 책에서 다음과 같이 말했다.

"아이러니하게도 버밍햄은 (백인 사회와) 굉장히 분리돼 있었기 때문에 흑인 부모들은 아이를 키우는 환경을 큰 부분에서 제어할 수 있었다. 그들은 아이들이 받는 메시지를 엄격히 제어했고, 탁월함에 대한 확고한 주장과 높은 기대를 주입하면서 방패막이를 쳤다. 선생님들은 성공하기 위해서는 두 배로 잘해야 한다고 주지시켰다……. 이 같은 모든 요소는 나와 또래들에게 인종차별주의는 '그들의' 문제이지 우리의 문제가 아니라는 것을 주지시켰다. 짐 크로 버밍햄의 끔찍하고 절망적인 환경에서 흑인 어른들이 느낀 불안정과 불합리는 우리에게 전달되지 않았다……. 메시지는 명료했다. '우리는 너를 사랑하고, 우리가 네가 성공하는 것을 돕기 위해 모든 것을 다할 것이다. 그리고 여기에는 변명이 없으며, 피해자를 위한 자리도 없다.'"

콘돌리자의 가족과 이웃은 절망의 기운이 쉴 새 없이 뿜어져 나오는 차별적인 환경에서도 자신들만의 확고한 테두리를 구축했고, 상황에 휘둘리기는커녕 그것을 손에 쥐고 제어했다.

미국에서 많은 흑인 사이에서는 이 같은 정신적인 힘이 공유되고 있었다. 빌 코즈비와 앨빈 포새인트는 저서 『Come On, People(컴온, 피플)』에서 그 분위기를 이렇게 설명했다.

"인종차별이 제거되지 않았다는 사실에도 불구하고 흑인들의 힘은 우리가 계속 나아가고, 절대 관두지 않고, 절대 포기하지 않으며, 절대 협조적인 피해자의 역할에 빠지지 않겠다는 결심에 기반하고 있다. 우리가 여기서 제시하는 노예제도의 배경과 그 유산은 누구에게도 변명을 제공하기 위한 것이 아니다. 그보다는 흑인들과 다른 사람들이 철로 된 족쇄가 심리적인 족쇄가 될 수 있다는 것을 이해하는 것을 돕기 위한 수단이다. 우리 목표는 그런 족쇄가 유발하는 비참함에 빠지는 게 아니라, 그 모두를 떨쳐내는 것이다……. 우리 선조들은 명예롭게도 피해의식에 빠지지 않았다. 그들은 개인으로서, 그리고 인간으로서 강력히 맞섰다. 대부분의 사람은 제도의 수동적인 피해자가 되는 것을 거절했다."

비관주의는 사람들로 하여금 아무것도 하지 않도록 하고, 그것을 정당화한다. 그로 인해 아무 좋은 일도 생기지 않았을 때, 그 결과는 비관적인 태도를 더욱 강화한다.

비관주의와 피해의식의 힘은 강력하다. 댄 스미와 쇼바 스리니바산은 저서 『Totally American(완전히 미국인)』에서 이렇게 말했다.

"당신에게 '피해자 재킷(victim jacket)'이 주어지는 순간 그것에서 빠져나올 수 없다. 처음에는 편안할지 모르지만 현실에서 그것은 구속복(straitjacket)이며, 그것은 당신의 자유와 성장을 위축시키기 위해 디자인됐다. 숨겨진 '피해자화 산업 시스템'은 사제폭발물이며, 이것은 자립과 성취에 있어서 실제 심리적인 트라우마보다 더 강력하고 위험하다. 당신이 피해자 시스템에 완전히 자격을 갖춘 구성원이 될 때, 당신에게 주어지는 유일한 보상은 더 많은 의존성을 향하는 것이다."

반면 잠재력을 믿고 성과를 향상시키기 위한 특별한 노력을 쏟으면 심리학자들이 말하는 '긍정의 효과'라는 것이 발생한다. 긍정적이고 행복한 마음가짐을 지닌 사람들이 삶에서 더 많은 성공을 이룬다는 것이다. 이들은 그렇지 않은 사람들에 비해 더 많은 돈을 벌고, 더 많은 친구를 사귀며, 더 건강한 경향이 있다. 할 수 있다고 믿는 사람들은 자신감이 있고, 성장을 위해 기회를 잡으며, 사교성이 있고, 유연한 데다 에너지가 넘치기 때문이다.

성공하는 사람들은 자신감을 갖고 있는 동시에 부정적인 사람들이 그들의 행동을 지시하거나 꿈을 제압하는 것을 허용하지 않는다. 그들은 삶의 주요 지향점이 타인에 의해 제지당하도록 놔두지 않고, 안 된다고 하는 사람들의 말을 듣지 않는다.

많은 미국인이 수많은 성취를 이뤄낸 것도 인생의 주도권을 쥐고 있었기 때문이다. 이들은 진흙탕 같은 현실 속에서도 노력하면 성공할 수 있다고 믿었고, 탁월함은 모든 차별을 압도한다고 믿었다. 그렇기에 인생의 주도권을 타인에게 내맡기거나 사소한 차별에 절망하고 휘청거리지 않았다. 그들에게는 외부환경에 휘둘리지 않고 주도적인 삶을 살아갈 정신적인 힘이 있었고, 탁월한 실력을 쌓아 사회적인 장벽을 극복해나갔다.

미국인에서 인생의 주도권을 지고 삶을 개척해나간 사람들의 사례는 수도 없이 많다.

파키스탄 출신 이민자로 미국의 부호가 된 샤히드 칸(Shahid Khan)도 스스로의 힘으로 거대한 성취를 이룬 인물이다. 그는 16세에 주머니에 500달러를 넣은 채 혼자 미국으로 떠나 일리노이대 어바나-샴페인(Urbana-Champaign)에 입학해 기계공학을 공부했다. 미국에 도착한 첫날 YMCA 기숙사에서 잠을 이뤘는데, 자신이 갖고 있는 돈이 금세 바닥날까 봐 두려웠다고 한다. 결국 이튿날 곧장 일자리를 찾아 나섰고 접시를 닦는 일을 시작했다. 그는 CBS와의 인터뷰에서 당시에 대해 "그것은 내게 해방이었다"며 이렇게 회상했다.

"나는 내 운명을 제어할 수 있고, 내 삶을 제어할 수 있게 된 것이었다."

샤히드 칸은 당시의 경험이 단순히 돈을 번 것 이상이었다고 말한다. 그것은 자신의 인생에 대한 '권한'을 부여받은 느낌을 줬기 때문이다. 그는 언론 인터뷰에서 이렇게 말했다.

"이 나라의 독특한 점은, 당신이 일을 하면 무엇이든 당신이 되고싶은 게 될 수 있다는 것이다. 그것은 내게 엄청난 돌파구가 된 경험이었고, 내게 이곳에서 잘할 수 있겠다는 굉장한 안정감과 자신감을 줬다."

샤히드 칸은 자동차 부품제조회사 '플렉스 앤 게이트(Flex-N-Gate)'에서 일하다가 자동차 범퍼를 만드는 회사를 창업했고, 이후 플렉스 앤 게이트를 인수해 회사를 성장시켰다. 그리고 미식축구 '잭슨빌 재규어스(Jacksonville Jaguars)'의 구단주가 돼 유명세를 얻었다.

미국 사회의 구성원들이 인생에 대한 주도권을 쥔 것은 미국에선 그것이 중요했기 때문이다.

UC버클리대 교수 클로드 피셔(Claude S. Fischer)는 저서 『Made in America(미국에서 만들어진 것)』에서 미국의 이 같은 특성을 '의지주의 (voluntarism)'로 설명했다. 그는 의지주의의 핵심 요소는 "각 사람이 독립된 개인인 것처럼 믿고 행동하는, 독립적이고 자립한 개인이 스스로에 대해 책임을 지는 것"이라고 말했다. 그리고 이렇게 설명했다.

"의지주의자의 문화에서는 사람들은 자신들의 운명을 제어하고 스스로에게 책임을 져야 한다고 생각한다……. 의지주의자의 문화는 사람들이 스스로를 진단하고 향상시킬 것을 촉진하는데, 왜냐하면 그들은 그렇게 할 수 있기 때문이고 개인의 특성이 각자의 운명에 핵심이기 때문이다."

미국에서의 정체성은 '내가 무엇을 했느냐'에 의해 규정됐다. '내가 무엇을 하는 누구'인 게 중요하지, '어디 출신이며, 누구의 무엇'인 게 중요하지 않은 것이다. 이것이야말로 미국에서 '자수성가한 사람(self-made man)'이라는 개념을 만들어낸 것이었다.

미국에서 자수성가는 사회적인 지위가 자기 자신의 노력에 달려있다는 개념으로, 미국이 계급구조를 갖고 있지 않다는 믿음을 사회가 유지하도록 했다. 이것은 부모의 사회적인 지위가 어떠하든 누군가의 사회적 지위는 자신의 노력에 달렸다는 것이었고, 출신이 어떠하든 누구든 열심히 일하고 충분히 실력을 갖춘다면 행운을 만들 수 있다는 것이었다.

어떤 나라에서는 개인으로서 성취한 무엇보다는 누군가와의 관계나 소속이 더욱 중요하게 인식된다. 그렇기에 가족이나 친구를 위해 성취하는 게 중요하게 여겨진다. 안정적이고 장기간의 우정을 쌓는 것이 매우 가치 있게 여겨지고, 사람들은 다른 사람에게 의존하거나 의지하고 싶어 한다. 가정과 일터에서는 경쟁보다 협력이 보상받는다. 가족이나 출신과 연결된 모든 것이 실패에 영향을 미친다고 생각하기 때문에 환경에 부끄러움을 느낀다.

반면 미국인들은 독립성과 자립, 개인의 성취에 큰 강조점을 뒀다. 만약 누군가가 경제적인 측면에서 실패했다면 개인적으로 책임이 있다고 믿었다. 그렇기에 환경을 탓하기보다는 더 열심히 노력하지 않은 것에 죄책감을 느끼고 더 노력하며 기회를 찾았다.

미국에서의 정체성과 운명은 자신이 정하는 것이었다. 인생은 백지와도 같으며 자기 자신이 그것을 채워나가는 예술가가 되는 것이다. 자유의 핵심적인 요소는 자립이었다. 이것은 개인이 자기 인생의 뒷좌석이 아닌 운전석에 앉아 주도적인 삶을 사는 것이었다.

실제로 퓨리서치센터(Pew Research Center)가 미국과 서유럽 국가 사람들의 삶의 태도를 조사해 발표한 자료(2011)에 따르면 '인생에서 성공은 우리의 제어를 벗어난 외부의 힘에 의해 결정된다'는 것에 동의하지 않는 사람의 비율은 미국이 62%로 가장 높았다. 영국(55%), 스페인(47%), 프랑스(43%), 독일(27%)에서는 이 비율이 훨씬 낮았다.

인생에 대한 주도권의 강조는 미국의 역사와도 관련이 있다. 1800
년대 중반에 유럽에서 미국으로 온 이민자들은 가난 속에서 삶을 시
작해야 했다. 많은 사람은 돈을 모아 땅과 천연자원, 금과 일자리라
는 경제적인 기회가 있는 서부에서 기회를 얻고 싶어 했다. 서부 변
경에서 살아남기 위해서는 굉장히 독립적이어야 했다.

미국인들이 주도적인 삶을 좋아하는 것은 많은 미국 정치인이 카
우보이모자를 쓰고 있는 사진을 내보이기를 좋아하는 것에서 엿볼
수 있다. 미국인은 카우보이를 생각할 때 대초원에서 말 위에 앉아있
는 한 명을 상상한다. 카우보이는 집단으로 여행하지 않는다. 그들은
자립심이 강하고 독립적인 개인이며, 다른 누구의 도움도 없이 살아
남는다. 미국에선 이 같은 인간형이 멋지게 인식되고 남들에게 보여
주고 싶은 어떤 이미지로 통용된다.

미국 사회에서 신문과 책, 인터뷰, 연설, 문학은 '스스로의 인생을
개척해 노력한 사람'에 대해 칭송해왔다. 한때 스코틀랜드 출신의 가
난한 이민자였지만 거대한 부자가 돼 자선사업을 벌인 앤드루 카네
기는 대표적인 자수성가의 모델로 꼽힌다. 그는 사업에 성공할 수 있
었던 요인으로 '정직한 노동, 능력, 그리고 집중'을 꼽았다.

물론 앤드루 카네기의 커리어는 보편적이지 않다. 그가 살던 시대
에 산업계를 주도한 부유한 사람들은 대부분이 부유한 배경을 갖고
있었고, 가난하게 시작해 자수성가한 사람들이 아니었다. 그럼에도
불구하고 자수성가의 신화는 미국인들 사이에서 롤 모델이 됐고, 열

심히 일하기 위한 노력을 촉진시켰고, 스스로의 인생에 대해 주도권을 행사할 수 있다는 믿음을 심어줬다. 스스로의 노력으로 가난과 역경을 극복한 사례는 영웅처럼 회자됐다.

미국에서 최악의 모욕 중 하나는 누군가가 다른 사람에게 의존하고 기댈 것을 제안하는 것이었다. 미국에서 다른 사람을 돕는 것은 종종 익명의 기부를 통해 간접적으로나 에둘러서 진행됐다. 직접적인 도움은 많지 않았는데, 이것은 받는 사람을 가끔 불쾌하게 하기 때문이었다. 미국에서 봉사와 기부는 널리 퍼진 문화지만, 이런 도움은 완전히 직접적으로 이뤄지진 않았다. 도움이라는 것은 받는 사람에게 더 잘할 기회를 제공하는 방식으로 줘야 한다고 인식됐다.

앤드루 카네기 역시 자선사업을 벌이면서 가난한 사람들에게 직접 돈을 주지 않았다. 그 대신 가난한 사람들이 공부할 수 있도록 대학과 도서관을 지었고, 스스로의 노력을 통해 경제적으로 자립할 수 있도록 했다. 개인의 자립과 독립성을 침해하지 않은 것이다.

타인에게 의존하지 않는, 인생에 대한 자기 책임이야말로 미국의 핵심 문화였다. 현대 미국 사회에서 사회적인 이동성이 감소하고 불평등이 심화되고 있더라도, 자수성가한 인간에 대한 신화는 여전히 인기를 얻고 롤 모델이 되고 있다. 자신의 운명을 스스로 조각해나간다는 것은 전 세계인들에게 미국을 어필하는 강력한 상징이 됐다. 이민자들은 미국이 그동안 자신을 제약했던 것들에게서 벗어나 스스로 선택하는 전망에 의해 미래를 만들어나갈 수 있게 한다고 느꼈다.

자기 인생에 대한 확고한 주도권과 그 힘에 대한 믿음을 가진 사람들
은 미국으로 향했고, 본인뿐 아니라 자신이 정착한 새로운 나라 역시
발전시켜갔다.

좌절의
발전적인
승화

미국이 차별과 편견 등 인종 문제를 잘 극복하고 있다는 것은 때때로 반박에 부딪힌다. 미국의 주요 도시에서 도심을 조금만 벗어나면 전혀 딴 세상 같은 열악한 동네가 펼쳐지기 때문이다. 주로 소득수준이 낮은 흑인들이 모여 사는 곳인데, 대체로 낙후돼 있고 치안 사정도 열악하다. 백인과 아시아인은 그곳에 살기는커녕 돌아다니기도 꺼린다. 이런 지역을 둘러본 사람들은 미국이 '용광로'라는 말은 허구라고 주장하기도 한다. 법적·제도적인 차별은 종식됐더라도 사실상의 '흑백 분리'는 여전히 존재하지 않느냐는 것이다.

하지만 우리가 종종 알지 못하거나 간과하는 것이 있다. 이런 지역이 주로 가난한 흑인들이 모여 사는 곳은 맞지만, 모두 단순히 저소득층이 집합해 있는 절망적이고 희망 없는 장소는 아니라는 것이다. 일부에서는 그 어떤 곳에서도 볼 수 없는 독특하고 빼어난 예술이 발달하기도 했다. 미국 뉴욕에 있는 '할렘(harlem)'이 바로 그렇다. 할렘은 '할렘 르네상스(Harlem Renaissance)'라는 말을 탄생시킬 정도로 독보적인 예술을 꽃피웠다.

할렘의 탄생은 남북전쟁 시절로 거슬러 올라간다. 1865년 남북전쟁이 끝나고 흑인들은 노예제도에서 해방됐다. 인종 간 차별을 금지한 새로운 법은 흑인들에게 한평생 가져본 적 없는 자유를 주었다. 물론 흑인들은 많은 일자리에서 거절당하고 숙련된 직업보다는 단순노동 위주의 일자리로 내몰렸지만, 물건도 사고 학교도 갈 수 있었다.

하지만 흑인들은 자유로우면서도 자유롭지 못했다. 남부의 주(州)들이 '짐 크로' 법을 통과시켰기 때문이다. 이로 인해 백인과 흑인이 같은 학교에 가거나 같은 상점에서 장을 보는 것은 불법이 됐다. 흑인들은 극심한 차별에 시달려야 했다.

심리적인 위축도 문제였다. 노예제도 밑에서 살아온 부모와 조부모 세대로부터 학습된 백인들에 대한 복종은 흑인들에게 내면의 마찰을 일으켰다. 또 노예제도가 사라진 뒤 흑인과 백인 간에 부자연스러운 친밀함조차 쌓을 기회조차 없어진 데다, 짐 크로로 인해 분리되면서 젊은 백인들은 노예를 소유했던 자신의 선조들보다 흑인들을 더 적대적으로 대했다.

많은 흑인은 짐 크로를 벗어나기 위해 북부로 이동했다. 그 이동은 '거대한 이주(The Great Migration)'로 불리는데, 그들이 이동한 곳 중 하나가 뉴욕의 할렘이었다.

대부분의 흑인은 남부보다 더 좋은 일자리 기회를 찾기 위해 할렘으로 갔다. 이들은 북부의 일자리 기회와 창조적인 에너지에 매료됐다. 할렘으로 향하는 흑인은 늘기 시작했다. 흑인들의 동등한 권리를 위해 1909년 조직된 미국 흑인지위향상협회(NAACP; National Association for the Advancement of Colored People)가 설립된 곳도 뉴욕이었다.

1910년 뉴욕의 인구 중 흑인은 9만 명으로, 전체의 2% 미만을 차지했다. 하지만 이 수치는 1920년엔 15만 명으로 불어났고, 전체 인구의 약 3%를 차지했다. 1920년대 후반에 흑인 인구는 두 배가 넘게 불어나, 32만 7,000명까지 증가했다. 그중 대부분은 할렘에 정착했는데, 그곳은 도시 중의 도시이자 전 세계 흑인의 수도나 마찬가지였기 때문이다.

당시만 해도 할렘이 흑인 거주지로 형상화되진 않았다. 기존에 유대인들과 이탈리아 출신 이민자들이 살던 곳이었기에, 흑인들의 유입은 인종 구성을 다양하게 할 뿐이었다.

제1차 세계대전은 흑인들에게 더 많은 변화를 가져왔다. 전쟁은 흑인들이 그들의 용맹성을 보여줄 기회였다. 수많은 백인과 흑인이 군인이 됐다. 하지만 군대에 자원입대할 수 있는 흑인 인원에는 제한이 있었다.

다행히 전쟁 물자를 만드는 공장들은 노동자들을 필요로 했다. 게다가 당시엔 전쟁으로 인해 기존에 미국 산업에 저렴한 노동력을 주로 제공하던 유럽 출신 이민자들의 수가 급감하고 있었다. 동시에 수

많은 건강한 젊은이가 일터에서 전쟁터로 나가면서 노동력은 더욱 부족해진 상황이었다. 산업 현장에선 건강하고 저렴한 노동력을 찾기 시작했고, 북부에 있는 회사들은 흑인들이 있는 남부에까지 가서 노동력을 모집하기도 했다.

흑인들은 그곳에서 기존에 비해 꽤 괜찮은 보수를 주는 직업을 가질 수 있었다. 많은 흑인이 난생처음으로 집과 차, 그리고 다른 사치품들을 살 수 있게 됐다.

전쟁이 끝난 후, 흑인 군인과 노동자, 사업가들은 자신들이 존중받을 수 있을 거라고 기대했다. 국가를 위해 싸웠고 공장에서도 열심히 일했기 때문이다. 하지만 그들은 전쟁 전과 같은 인종차별주의와 증오를 마주해야 했다. 회사들은 흑인 노동자를 고용하기를 거절했고, 일자리에서 내쫓았다. 교육받은 흑인들은 하인, 웨이터, 운전사나 다른 저임금 일자리에서 일할 수밖에 없었다. 이 모든 것은 흑인 사이에 좌절과 분노를 낳았다.

흑인들의 분노는 1919년에 본격적으로 불거져 나왔다. 인종 폭동은 오마하, 시카고, 그리고 워싱턴 D.C.와 같은 대도시에서 발생했다. 백인들은 길거리를 배회하며 흑인들을 폭행했다. 경찰은 흑인들을 도와주는 데 느리게 움직였고, 흑인들은 맞서 싸웠다. 이것은 '붉은 여름(Red Summer)'이라고 불렸는데, 유혈사태와 죽음 때문이었다.

기존에도 인종 폭동은 있었지만, 이때와 같은 대대적인 파괴를 야기하진 않았다. 붉은 여름은 분명히 뭔가가 달랐다. 그 원인 중 일부는 흑인들이 더 이상의 모욕이나 상처를 수용하길 원하지 않았다는 것이었다. 제1차 세계대전은 미국에서 흑인들이 스스로에 대한 느낌을 재형성하도록 했고, 백인들로부터 차별받는 것에 대해 더 적극적으로 저항하도록 했다.

당시 〈뉴욕타임스〉는 이런 흑인들의 태도에 대해 다음과 같이 평가하기도 했다.

"전쟁 전에는 흑인들과 문제가 없었다. 당시는 대부분이 백인의 우월함을 받아들였기 때문이다."

그즈음 많은 흑인 작가·음악가·무용수·배우·예술가 등은 독특하고 빼어난 예술적인 기량을 펼치면서 인종차별과 편견에 맞서기 시작했다. 이것이 바로 1918년 제1차 세계대전의 종료부터 1930년대 초반까지 전 세계를 휘어잡은 할렘 르네상스의 시작이었다. 이것은 미국 역사에서 처음으로 흑인 예술가들이 집단적으로 그들을 표현할 기회를 잡은 계기였다.

할렘의 흑인들은 저임금 일자리와 혼잡한 주거지에서 살았지만, 힘과 자부심을 키우고 있었다. 자유를 얻었다는 느낌은 흑인들이 단순히 모여 사는 것을 넘어서 독특한 커뮤니티를 만들어내도록 영감을 줬다. 그들은 수세기 동안의 인종적인 굴종이라는 사슬을 끊고 희망을 찾아와 한데 모인 것이었다. 이것은 흑인들에게 새로운 종류의 자존감을 심어줬다.

당시 백인들은 흑인들이 생물학적으로 열등하다는 편견을 갖고 있었다. 할렘의 흑인들은 헌신과 재능을 통해 백인들이 유색인종을 바라보는 방식을 바꾸겠다고 다짐했다. 그들은 백인들의 편견이 잘못됐다는 것을 입증할 수 있는 유일한 방법은 모든 분야에서 뛰어나는 것이라고 생각했다. 즉 백인들의 고정관념이 흑인들은 운동을 잘하지 못한다고 말하면 스포츠 경기에서 성공하고, 똑똑하지 못하다고 말하면 의학과 법학, 사업에서 뛰어난 성과를 이루는 것이었다. 또 창의적이지 못하다고 말하면 미술과 문학, 연극 작품을 창조하고, 음악의 복잡함을 이해하지 못한다고 말하면 블루스와 재즈를 만들어내는 것이었다.

할렘 르네상스는 미국의 흑인 역사상 가장 영향력 있는 작품들을 선보이고 성취들을 이뤄내면서 수많은 성공적이고 유명한 흑인 작가·예술가·지식인·음악가·사업가 등을 배출해냈다. 이들은 실제 성과를 통해 흑인들에 대한 백인들의 고정관념이 잘못됐다는 걸 입증했다. 흑인들도 기회가 주어지면 얼마든지 위대한 성취를 이뤄낼 수 있다는 것을 보여준 것이다.

할렘은 흑인 예술과 문화의 중심지가 됐고 지적이고 문화적인 활동을 더욱 촉진했다. 흑인 예술가들이 공연하는 연극은 브로드웨이(Broadway)에 도달했다. 흑인으로만 구성된 오케스트라는 음반을 만들었고, 공연을 하러 유럽까지 가서 세계인들의 호응을 얻기도 했다.

조세핀 베이커(Josephine Baker) 같은 공연자들은 미국과 전 세계에서 관중들을 열광시켰다. 클로드 맥케이(Claude McKay), 제시 포셋(Jessie Fauset), 그리고 조라 닐 허스턴(Zora Neale Hurston)과 같은 작가들의 소설은 베스트셀러가 됐다. 비로소 미국 사회에서 예술을 향유하는 데 있어서 인종적인 장벽은 덜 문제가 되는 것처럼 보였다.

할렘 르네상스는 '새로운 흑인(New Negro, 뉴 니그로)'이라는 용어를 탄생시켰다. 새로운 흑인은 교육받고 훈련받은 재능 있는 흑인을 나타내는 말이었다. 백인들이 존경하고 흑인들이 모방하고 싶어 할 만한 인간형이기도 했다. 1920년대 미국에는 '새로운 흑인 운동(New Negro Movement)'이 고개를 들었다. 편견과 차별은 여전히 존재했지만, 흑인들은 문학과 예술, 스포츠 등 각종 성취를 통해 백인들이 자신들을 새로운 시각으로 보게 했다. 백인들이 지배하던 미국 사회에 흑인들의 기여와 가치를 보여준 것은 획기적인 전환점이었다.

할렘은 흑인들이 독립적인 정신을 발전시킬 수 있는 곳이기도 했다.

흑인 지식인들 사이에서는 차별이라는 사악함과 부정의를 드러내면 상황이 나아질 것이라는 믿음이 있었다. 그렇기에 할렘의 흑인들은 차별을 드러내기 위한 각기 다른 성격을 지닌 3개의 잡지를 발간했다. 미국에서 흑인들에 대한 폭력을 주로 다룬 〈위기(Crisis)〉, 흑인 문제의 해결책으로써 사회주의정당을 지지하는 것을 제안한 〈메신저(The Messenger)〉, 사회과학자들이 조사한 흑인들에 대한 차별을 다룬 〈기회(Opportunity)〉라는 잡지였다.

할렘 르네상스는 흑인들이 문화적인 성취를 통해 인종적인 자부심을 고양하고 자기표현을 하는 한편, 경제적인 독립과 진보적인 정치활동을 하도록 촉진했다.

하지만 1929년, 할렘 르네상스는 무너지기 시작했다. 대공황의 시작으로 그해 10월 주식시장은 폭락했다. 순식간에 수천 명의 사람이 가진 모든 것을 잃었다. 2년 만에 수백만 개의 일자리가 사라졌다. 절박하고 배가 고픈 사람들은 줄을 서서 식량 배급을 기다리거나 길거리에서 과일을 팔았다. 대공황은 할렘 르네상스 종말의 시작이었다.

할렘의 많은 예술가와 작가는 정규 직업을 잃고 하인이나 승강기 운전사, 경비, 또는 웨이터가 됐다. 할렘 르네상스 시기에는 부유한 백인들이 할렘의 클럽과 식당, 그리고 극장을 방문해 흑인 예술가들을 후원하는 게 인기를 모았다. 대공황 이후 사람들은 그런 유희를 더 이상 감당할 수 없었으며, 결국 이 같은 사업은 끝났고 흑인 노동자들은 길거리로 내몰렸다.

할렘은 심한 타격을 받았다. 흑인들은 차별로 인해 정부의 구호 일자리들을 얻는 것도 어려웠다. 그들이 가진 재산 가치도 뚝뚝 떨어졌다. 인구의 과잉과 질병은 상황을 더 악화시켰다. 1935년엔 폭도들이 할렘을 광적으로 휘저었고, 2억 달러 이상의 손해를 입혔다.

한때 할렘을 풍미했던 예술가들은 소수만 살아남았고, 대부분 1930년대와 1940년대에 사라지거나 죽었다. 미국 남부를 지배했던 인종차별은 할렘에서도 더 많이 가시적으로 돼 갔다. 인종차별은 주거와 직업, 엔터테인먼트에 있어서 빈번하게 나타나기 시작했다. 할 렘의 나이트클럽은 많은 백인을 끌어모았지만, 대부분 흑인 출입금 지구역이었다.

할렘 르네상스는 다소 비극적으로 끝났지만, 아직도 그곳에는 당 시의 문화가 남긴 클럽과 예술성이 곳곳에 배어있다. 할렘이 만들어 낸 창조적인 에너지 역시 남아있다. 할렘의 예술은 전 세계로 뻗어 나가고 있고, 할렘은 여전히 문화적이고 예술적인 곳으로 작용하고 있다.

할렘은 1950년대와 1960년대에 뉴욕뿐 아니라 미국 전역에서 흑 인 커뮤니티의 근원으로 굳건히 자리 잡았다. 흑인들이 무슨 생각을 하고 어떻게 느끼고 경험하는지 알고 싶다면 가장 먼저 가봐야 할 곳 중 한 곳은 뉴욕의 할렘이라고들 할 정도다. 하지만 할렘은 인종 적인 억압과 차별, 일자리 상실, 마약과 범죄라는 문제에 봉착해있기 도 하다.

할렘 르네상스는 복잡한 결과를 낳았지만, 미국 사회에 중요한 의 미를 남겼다.

흑인들은 할렘 르네상스를 통해 전 세계에 자신들의 삶과 문화, 예 술적인 능력을 보여줬고, 이를 통해 자신들에 대한 인식을 바꿔놓았 다. 이때 이후 흑인 예술가들의 작품이 진지하게 받아들여지는 것은 더 쉬워졌다. 대부분의 대학은 흑인 학생에게 문을 열기 시작했다.

이것은 흑인들에게 자부심을 키우는 계기가 됐다. 흑인들의 작품 활동을 촉진해 예술적인 성과를 내면서 '뭔가 할 수 있다'는 인식을 심어준 것이다. 미국의 작가 앨리슨 라슈(Allison Lassieur)는 저서 『Harlem Renaissance(할렘 르네상스)』에서 "할렘 르네상스는 흑인 문화를 포용하고 그 뿌리를 자랑스러워하는 것이었다"고 평가했다.

미국의 철학자 조지 산타야나(George Santayana)는 "과거를 기억하지 못하는 사람들은 과거를 반복하게 된다"고 말한 바 있다. 흑인 농구 선수 카림 압둘 자바(Kareem Abdul-Jabbar)는 할렘 르네상스에 관해 다룬 저서 『On the Shoulders of Giants(거인들의 어깨 위에서)』에서 이 문구를 소개한 뒤 다음과 같이 말했다.

"충분히 맞는 얘기다. 하지만 그에 따른 귀결은 자신들의 역사를 모르는 사람들은 자신들이 될 수 있는 것에 대한 잠재력을 절대 보지 못할 거라는 것이다. 많은 사람은 당신이 할 수 없는 것과 이룰 수 없는 것, 그리고 왜 당신이 심지어 시도하지 말아야 되는지에 대해 얘기할 것이다. 사람들이 그런 반대론자들의 이야기를 듣는다면 아무것도 성취되지 않을 것이다……. 할렘 르네상스는 오늘날의 내가 있도록 하는 데에 기여했고, 내가 미래에 되길 희망하는 모습에 기여했다. 역사의 그 기간에 대해 문을 여는 것은 나를 인도할 많은 중요한 문을 열게 했다."

무엇보다도 할렘 르네상스는 좌절과 절망도 얼마든지 발전적으로 승화할 수 있다는 가능성을 보여줬다. 흑인들은 더 적은 자원과 기회

속에서도 그들 자신을 차별화해 수많은 작품을 만들어냈다. 흑인에 대한 차별과 편견이 존재하고 일자리도 부족한 것은 사실이었지만, 그들은 각고의 노력을 통해 실력을 인정받고 문화를 발전시키며 자부심을 회복했다. 척박한 토양에서도 얼마든지 꽃이 필 수 있다는 인적자원의 힘과 사회의 저력을 보여준 것이다. 이것은 삶이 녹록지 않다고 해서 주저앉아 환경 탓만 하지 않는 미국의 정신이기도 했다.

미국 사회에서 이민자의 후손들이 '2등 시민'으로 머물지 않고 사회에서 입지를 구축하고 편견을 물리칠 수 있었던 것은 사회에 흐르고 있던 이 같은 저력 때문이었다. 소수자들은 좌절하는 데 머물지 않고 어떤 방식으로든 자신들도 무언가 해낼 수 있다는 것을 입증해 보였다. 편견의 역사로 인해 고통받은 소수라고 할지라도 얼마든지 실력으로 선입견을 물리칠 수 있고, 낙인과 고정관념을 바꿔놓을 수 있다는 '가능성'이 있음을 말이다.

물론 할렘 르네상스는 흑인에 대한 편견을 완전히 불식시키는 것에는 실패했고, 사회에 엄청난 변화를 가져다준 것은 아니었다. 하지만 그것은 미약한 날갯짓에 그쳤더라도 문화다양성의 힘을 보여줬고, 누군가가 무언가를 할 수 있다는 것을 보여줬다. 이런 작은 변화가 모이고 축적되면서 미국 사회의 발달과 진보를 가져왔고, 인식의 변화를 이끌어 소수자가 존중받도록 했다. 인종 문제로 종종 갈등을 겪으면서도 지속적으로 다양한 이민자들을 대규모로 받아들여 사회에 통합시키는 미국의 힘은 이런 저력에서 비롯된 것이기도 했다.

4 ———————— 비범한

사람들

변화지향적
모험심

미국에서 수많은 이민자가 성공신화를 써나가고 있는 것은 스스로의 노력과 성취를 중시하는 문화, 그리고 이를 뒷받침하는 사회구조와 시스템이 있었기 때문이다.

하지만 그것은 왜 미국에서 이민자들의 성공신화가 지속적으로 배출되는지에 대해 절반만 설명하고 있다. 이민자 친화적인 법과 제도, 문화를 갖추면 어떤 사람들이 유입되든 모두 성공하고 사회 발전에 기여할 수 있는가?

이민강국의 성공에 있어서 환경적인 요소가 결정적인 조건이 될 수는 없다. 성공 원인의 나머지 절반은 이민자 자신들에게서 찾을 수 있다는 말이다.

퓰리처상 수상자 유진 로빈슨(Eugene Robinson)은 저서 『Disintegration(분열)』에서 이렇게 말했다.

"기회는 존재하지 않는 곳에 어떻게든 만들어져야 했다. 하지만 첫 번째로 고려돼야 할 다른 요소가 있다. 개인의 책임감이다. 문을 여는 것은 그곳으로 걸어갈 준비가 돼 있는 사람들만 돕는다."

많은 이민자가 미국에서 성공적으로 정착하고 성취할 수 있었던 것은 기회의 문이 열렸을 때, 그곳으로 걸어갈 수 있는 준비가 돼 있었기 때문이었다. 이민자들은 단순히 미국이라는 토양의 덕만 본 게 아니라, 스스로의 노력과 역량 역시 뛰어났다. 성공을 가능하게 한 배경뿐 아니라 인적자원으로서 개인의 강력한 경쟁력도 뒷받침됐다는 것이다.

그렇다면 이민자들은 어떤 역량을 갖추고 있었을까? 그들에겐 성공하는 사람들이 갖고 있는 어떤 '특성'이 있었다.

이민자와 그의 가족들은 자신이 태어난 고향과 언어, 문화 등을 등지고 새로운 땅에 발을 내딛은 사람들이었다. 새로운 것을 얻기 위해 익숙한 것을 떠날 줄 알았고, 불확실성이라는 위험을 감수할 줄 알았다. 즉 더 나은 삶을 건설하기 위해 삶 전반을 낯선 모험의 세계로 던질 줄 아는 변화지향적인 본능이야말로 이민자들의 두드러진 특성이었다.

오늘날 이민자들이 미국에서 새로운 기술과 서비스로 수많은 혁신을 창조해내고 있는 것도 그들이 갖고 있는 변화지향적인 본능 때문이었다.

그 대표적인 인물로는 남아프리카공화국 출신 이민자인 엘론 머스크(Elon Musk)를 꼽을 수 있을 것이다. 그는 전기자동차 회사 '테슬라 모터스(Tesla Motors)'와 로켓 및 우주선 제조·발사 업체 '스페이스X(SpaceX)'를 이끌며 놀라운 상상력과 기술로 전 세계를 뒤흔들고 있다.

엘론 머스크는 남아프리카공화국에서 독서광으로 어린 시절을 보냈는데, 12세에 컴퓨터 게임 소프트웨어 '블라스터(Blaster)'를 개발해 500달러를 받고 팔 정도로 수완이 뛰어났다. 그는 청소년기에 일찍이 미국으로 가기로 스스로 결심했다. 당시 멋진 기술에 대해 읽을 때마다 실리콘밸리가 그 중심에 있었기 때문이었다.

그의 부모는 미국으로 이민 갈 생각이 없었기에 미국에 가겠다는 그의 계획은 곧장 실현되지 못했다. 하지만 17세에 미국 대신, 모친인 메이 머스크(Maye Musk)의 출신국이자 외가 친척들이 있는 캐나다로 홀로 떠났다. 유학에 필요한 경비는 모두 스스로 해결하겠다는 약속을 한 뒤였다. 이후 캐나다 친척 집에서 농장 청소 등의 일을 하며 고된 시간을 보낸 뒤, 펜실베이니아대 와튼스쿨 학부과정에 장학생으로 입학하며 끝내 미국으로 향했다.

학부과정을 졸업한 뒤, 변화지향적인 본능은 본격적으로 고개를 들었다. 엘론 머스크는 실리콘밸리로 건너가 스탠퍼드대 대학원 박사과정에 들어갔지만, 빨리 창업을 해야겠다는 생각에 이틀 만에 관두기로 결심했다. 그리고 동생 킴발 머스크(Kimbal Musk)와 소프트웨어 회사 'Zip2'를 창업했다. Zip2는 창업 4년 만에 3억 700만 달러에 매각됐다. 그는 그 돈으로 인터넷 전자상거래 서비스 제공회사 '엑스닷컴(X.com)'을 창업했다. 엑스닷컴은 유사한 사업을 펼치는 '컨피니티 (Confinity)'와 합병됐고, 온라인 결제서비스 회사인 '페이팔(Paypal)'이 됐다. 페이팔은 '이베이(eBay)'에 15억 달러에 매각됐고, 이것은 재차 거금을 남겨줬다.

엘론 머스크는 잇따른 창업과 회사 매각을 통해 확보한 자금으로 2002년 스페이스X를 설립했다. 2004년엔 전기자동차 회사인 테슬라에 출자하며 이사회 의장을 맡았다. 현재 테슬라의 전기차는 전 세계에서 폭발적인 반응을 얻고 있다.

엘론 머스크와 같이 변화지향적이고 혁신적인 이민자들은 지금도 미국에서 새로운 회사들을 만들어내고 있다. 이들은 자신의 꿈을 펼치기에 가장 적합한 환경을 찾는 데 열성적이었고, 실제로 발을 내딛기를 주저하지 않았다.

미국에서 이민자들은 심지어 원주민들보다 창업을 더 많이 하고 있다. 2012년 '새로운 미국 경제를 위한 파트너십(The Partnership for a New American Economy)' 보고서에 따르면 미국에서 이민자들은 원주민들에 비해 사업을 시작하는 경향이 두 배 더 높았다. 2011년 미국에서 설립된 사업체 중 28%는 이민자들이 설립한 것으로 나타났는데, 이것은 전체 인구에서 당시 이민자들이 차지하는 비율(12.9%)의 두 배가 넘는 것이었다.

오늘날 미국에서 이민자들이 창업을 하고 변화와 혁신을 만들어내는 창조적인 분야에서 우위를 보이고 있는 이유는 자명하다. 그들은 자신의 문화권에 속한 사람들이 생각하는 고정된 틀을 따르지 않고, 자신을 둘러싼 배경 밖으로 시선을 돌릴 줄 알았다. 많은 이민자는 기존의 틀을 뛰어넘어 생각한다는 확고한 장점을 갖고 있었다.

이민자들과 기업가정신의 관계는 인도 출신으로 '시카모어 네트웍스(Sycamore Networks)'와 '캐스케이드 커뮤니케이션스(Cascade Communications)' 등 여러 기업들을 창립한 미국의 기업가 데쉬 데쉬판데(Desh Deshpande)의 설명에서 엿볼 수 있다. 그는 커프만 재단(Kauffman Foundation)과의 인터뷰에서 다음과 같이 말했다.

"기업가정신이란 뭔가 실제로 세계에 변화를 가져오는 아이디어를 생각해내는 것이다. 무언가 새로운 것을 생각해내는 것은 당신이 외부에서 왔을 때 항상 더 쉽다. 일반적으로 '박스 바깥의(out of box)' 생각을 하려면 말이다. 박스 바깥의 생각은 박스 바깥에 있는 사람에게는 언제나 굉장히 자연스러운 것이다."

데쉬 데쉬판데 역시 박스 바깥에서 온 경험을 바탕으로 기업을 창립했고, 2002년엔 부인과 매사추세츠공대에 '기술 혁신을 위한 MIT 데쉬판데 센터(MIT Deshpande Center for Technological Innovation)'를 세웠다. MIT에서 가장 재능 있는 연구자들이 혁신적인 기술을 발전시켜서 세계에 변화를 가져오도록 역량을 강화시키고, 시장에 혁신적인 제품과 새로운 회사를 가져다주기 위해서다. 이곳은 '연구자들이 변화를 만드는 사람들이 되기를 권유한다'를 모토로 내세우고, MIT와

MIT 바깥을 연결시켜주는 일을 수행하고 있다.

데쉬 데쉬판데는 센터 웹사이트를 통해 자신의 철학을 이렇게 설명했다.

"우리는 연구실에서 새로운 기술을 개발하는 것과 회사를 시작하는 것, 또는 자선사업에 관여하는 것에 큰 차이가 있다고 보지 않는다. 이런 모든 활동은 차이를 만드는 것이다. 세계에서 당신이 좋아하지 않는 것, 더 나아질 수 있다고 믿는 것을 보고, 새로운 기술이나 제품, 서비스를 만듦으로 인해 그것을 더 낫게 만들며 해결하는 것이다."

이민자들은 더 나은 삶을 위해 변화를 만들어낸 사람들이었다. 이들이 갖고 있는 변화지향성과 모험심은 기업가정신의 기반이 됐고, 혁신을 만들어내며 사회에 기여할 수 있었다.

오늘날 미국에서 더 나은 제품과 서비스를 통해 변화를 만든 이민자들은 주어진 환경에 머물지 않고, 인생을 정형화된 틀에 가두지 않은 사람들이었다. 이런 특성이야말로 그들이 다양한 삶의 방식과 분야, 직업에 도전할 수 있게 한 원동력이었다.

남아프리카공화국에서 태어난 중국계 이민자 패트릭 순시옹(Patrick Soon Shiong)은 의대를 졸업했지만, 의사라는 직업에 머물지 않았다. 그는 의사이자 과학자, CEO, 자선사업가로 여러 직함을 갖고 있으며, 'LA에서 가장 부유한 남자'로 알려져 있다.

패트릭 순시옹은 유방암 치료제 '아브락산(Abraxane)'을 비롯해 당뇨병과 암에 대한 신규 치료법을 개발해내면서 전 세계의 주목을 받았다. 또한 그는 개발자에 그치지 않고 글로벌 제약회사 '아브락시스 바이오사이언스(Abraxis BioScience)'와 '아메리칸 파머스티컬 파트너스(American Pharmaceutical Partners)'의 설립자이자 CEO로 일했다. 그리고 '챈 순시옹 가족재단(Chan Soon-Shiong Family Foundation)'과 비영리 의학연구기관 '챈 순시옹 분자의학기관(Chan Soon-Shiong Institute of Molecular Medicine)'을 만들어 회장을 맡기도 했다.

패트릭 순시옹은 2014년 TV 프로그램 '래리 킹 나우(Larry King Now)'에 출연했다. 래리 킹은 토크쇼를 진행하면서 그의 다채로운 이력을 언급하며 "당신의 전문 분야가 뭐냐. 당신은 의사이고……?"라고 물었다. 그러자 그는 이렇게 답했다.

"나도 모르겠다. 그게 내 문제다. 나에게는 틀(box)이 없다는 것이다. 나는 인생을 그 작은 틀 안에서 보지 않는다."

패트릭 순시옹은 특정 직업이나 역할에 자신을 가두지 않았다. 그것이 그가 의사라는 직함에 머물지 않고, 끊임없이 새로운 치료법을 개발하고 회사를 일으키며 자선재단을 세우는 등 여러 가지 일에 도전할 수 있었던 이유였다. 그는 미국 서던캘리포니아대 연설에서 "나도 당신들처럼 이민자"라며 이렇게 말했다.

"나는 남아공에서 태어나 이곳에 와서 미국인이 됐는데, 사실 나도 내가 누군지 모르겠다. 하지만 중요한 것은 끈질긴 것이라고 생각한다. 자신의 꿈을 꾸고 그것을 느끼고 믿고 유지하는 것이다."

물론 변화지향성이나 모험심이 성공을 보장하는 것은 아니다.

안정적인 길은 말 그대로 안정적이다. 수많은 사람이 변화를 추구하기보다는 주어진 상황에 머물면서 최선을 다하는 데엔 이유가 있다. 모험에는 실패가 따르고, 인생에서 시도하는 상당수 도전은 성공할 확률보다 실패할 확률이 더 높다. 게다가 박스 바깥에서 오는 모험가들은 이질적인 존재로 이단아 취급을 당하기도 쉽다. 이민자들은 더 나은 삶을 추구하며 발을 내딛지만, 실제로는 비참한 현실을 마주해야 할 수 있다. 우리가 변화지향성을 이야기하며 성공적인 이민자들만 언급하는 것은 현실의 일부만 다루는 것일지도 모른다.

하지만 변화를 추구하며 남들과 다른 길을 가는 것은 대체 불가능한 강점이 있다. 인생에선 남들과 똑같이 생각해서는 절대로 벗어날수 없는 틀이 있고, 남들이 가는 길만 가서는 도저히 이뤄낼 수 없는 것들이 있기 때문이다.

이와 관련해서는 독일 출신 이민자로 미국에서 온라인 결제서비스 회사 '페이팔'을 창업한 피터 틸(Peter Thiel)의 설명이 유용하다. 그는 2015년 한국을 방문해 스타트업 얼라이언스(startup alliance)와 한국인터넷기업협회 등이 주최한 강연에서 다음과 같이 말했다.

"실리콘밸리에서는 성공한 창업가와 기업가의 대다수가 약간의 '아스퍼거 증후군(Asperger syndrome, 대인관계에 문제가 있고 행동이나 관심 분야, 활동 분야가 한정돼 있으며 같은 양상을 반복하는 증세를 보이는 질환)' 기질을 보이는 뜻밖의 현상이 있다. 하지만 왜 아스퍼거 증후군이 없는 사람들이 이들보다 사회에서 우위를 점하지 못하는지, 그 현실에 대해 비판적으로 돌아볼 필요가 있다."

피터 틸은 아스퍼거 증후군 기질이 없는 사람들이 우위를 점하지 못하는 이유는, 그들이 가진 독특하고 흥미롭고 창의적인 아이디어가 충분히 발효되기도 전에 주변에서 "그건 이상하다"라고 말하는 것을 듣고 포기하기 때문이라고 말했다. 그렇기에 이들은 자기만의 아이디어로 무언가를 시작하기보다는 모두가 하는 일에 뛰어든다. 이런 사람들은 주변 환경에 적응을 매우 잘하고 외향적으로 보이지만 대다수가 자신에게 맞지 않는, 남들이 가는 길에 들어선다. 그리고 수많은 비슷한 사람들과 피 튀기는 경쟁을 하며 삶을 보낸다.

스스로의 운명을 개척한 이민자들은 주변 대다수와는 다른 길을 가는, 이질적인 기질을 가진 사람들이었다. 이들은 남들과 다르게 생각하고 주어진 테두리 밖을 향한 까닭에 실패의 위험을 감수해야 했지만, 그로 인해 새로운 땅에서 혁신과 성취를 만들어낼 수 있었다. 주어진 환경과 언어, 문화를 과감하게 등진 채 주어진 틀에서 벗어나 새로운 것을 시도하는 비범함이야말로 그들의 강점이자 경쟁력이었다.

페리보즈 개다는 저서 『Becoming American(미국인이 되는 것)』에서 "미국을 경제적으로, 행정적으로, 군사적으로 강하게 한 것은 이민자들이란 것을 누구도 부인하지 못할 것"이라고 말했다. 새로움과 변화를 추구한 이민자들의 열망이야말로 미국이 끊임없는 발전으로 전 세계의 산업을 주도하며 부강한 나라가 될 수 있었던 초석이었다.

불타는
야심

　　　　　이민자들은 왜 변화를 추구하고, 모험에 나서는 것
일까? 설령 위험이 따르더라도, 그들이 발을 내딛게 한 원동력의 근
원은 무엇이었을까? 그것은 야심으로 설명될 수 있다.

　　이민자들은 정부의 실업급여에 편승하거나 누군가에게 의존해서
살기 위해 본국을 떠난 게 아니었다. 그들은 자유롭고 개방된 사회에
서 노력해 성공하려는 열망을 가진 사람들이었다. 그 과정에서 때때
로 고난을 당하거나 실패하더라도, 성공할 가능성이 있다면 발을 내
디뎠다. 더 나은 삶을 향한 불타는 야심이야말로 이민자들의 삶에 동
력으로 작용한 것이다.

　　역사적으로도 이민자들은 지금보다 더 나은 삶을 살겠다는 야심
을 가진 사람들이었다.

　　17세기 전후 미국에 온 유럽 출신 이민자들은 종교적인 박해와 정

부의 탄압을 뒤로하고 본국을 떠난 사람들이었다. 당시 유럽 내부에서 물리적인 이동은 많지 않았다. 이민자들은 배에서 질병이나 사고로 죽을 수 있다는 것을 알고서도 집을 떠나 낯선 곳으로 향했다. 그들은 정치적이고 종교적인 자유가 보장되는 새로운 세계로 가기 위해 죽음의 위험을 감수했다. 그리고 그 용기와 의지를 토대로 황야를 개척하며 새 삶을 일궈냈다.

당시만 해도 유럽에 머물면 가난과 압제(壓制)를 탈출할 희망이 없었다. 그곳에서의 삶에는 변화가 거의 없었고, 가난하게 태어난 사람은 죽을 때까지 가난해야 했다. 반면 위험을 감수하고서라도 떠난다면, 변화를 통해 삶이 향상될 기회가 있었다. 이민자들은 주어진 환경을 운명으로 받아들이거나 현실에 체념하지 않았고, 더 넓은 세계를 꿈꿨다.

미국에 정착한 이민자들이 성공할 수 있었던 것은 더 나은 삶을 살겠다는 야심, 더 나아가 최고가 되겠다는 야심을 품었기 때문이다. 실제로 오늘날 미국에서는 최고의 무엇이 되겠다는 야심을 품고 성공한 이민자들을 여럿 볼 수 있다.

오스트리아 출신으로 미국에 건너가 보디빌더가 돼 미스터 유니버스로 뽑히고, 할리우드 영화배우로 활동했으며, 캘리포니아 주지사로도 재직한 아널드 슈워제네거(Arnold Schwarzenegger)는 2013년 호주에서 열린 '21세기 재정교육 서밋(21st Century Financial Education Summit)'에서 연설하며 자신의 야심에 대해 이렇게 말했다.

"우선 여러분에게 말할 것은 나는 언제나 치열했다는 것이다. 나는 어렸을 때부터 굉장히 치열했고 굶주렸다. 항상 최고가 되고 싶었다. 나는 항상 제1번이 되고 싶었고, 항상 최고의 자리에 오르고 싶었다. 나는 절대 그냥 그럭저럭 하는 것을 믿지 않았다."

아널드 슈워제네거는 1947년 오스트리아에서 태어나 제2차 세계대전 이후를 체험했다. 그는 당시 본국의 분위기에 대해 "전쟁에서 진 후 알코올 중독과 우울증, 기근, 배고픔이 만연했고, 경제 상황도 끔찍했다"고 회상했다. 무엇보다도 그곳은 좁은 세계였다. 그는 당시 느낀 심경에 대해 이렇게 말했다.

"나는 그곳을 탈출하고 싶었다. 나 자신이 그곳에서 일하는 것을 볼 수 없었다."

물론 오스트리아에서 살더라도 그럭저럭 인생을 꾸릴 수는 있었다. 아널드 슈워제네거의 아버지는 경찰이었다. 부모는 아들이 경찰이 돼서 결혼하고 아이들을 낳아 평범한 삶을 살길 원했다. 하지만 그것은 그의 꿈은 아니었다. 그러던 중 중학교 때 미국에 대한 다큐멘터리를 보고 '저곳이 내가 가야 할 곳'이라고 확신했고, 미국에 가기로 결심했다고 한다.

그는 자서전 『Total Recall(완전한 기억)』에서 당시에 대해 이렇게 회고했다.

"나는 내가 특별하고 더 큰 것을 위해 계획됐다고 완전히 확신했다. 나는 내가 무언가에 있어서 최고가 될 것이라는 것을 알았다 – 물론 그게 뭔지는 몰랐다 - 그리고 그것은 나를 유명하게 해줄 것이었다. 미국은 가장 강력한 나라였고, 그래서 나는 그곳에 갈 것이었다."

문제는 미국까지 여행할 돈조차 없는 시골 소년이 어떻게 미국에 갈 것이냐는 것이었다.

그때 발견한 게 보디빌딩 잡지였다. 잡지에는 미스터 유니버스로 뽑힌 헤라클레스 같은 남성이 나와 있었는데, 그가 어떻게 성공했는지에 대한 이야기가 실려 있었다. 이를 접하고 그와 똑같은 무대에 서고, 그와 같은 삶을 살고 싶다고 결심했다. 그 꿈을 이루기 위해 얼마나 많이 체력단련을 해야 하고 고군분투해야 하는지는 전혀 상관없었다.

아널드 슈워제네거가 보디빌더와 미스터 유니버스가 된 것을 넘어서, 할리우드 영화배우와 캘리포니아 주지사까지 된 것은 불타는 야심 때문이었다. 그는 연설에서 "절대 작게 생각하지 말고, 뭐든 이루려고 한다면 크게 생각하라"고 조언하며 이렇게 말했다.

"나는 단지 보디빌딩 챔피언만 되고 싶은 게 아니었다. 나는 항상 최고의 보디빌더가 되고 싶었다. 나는 가장 많은 근육을 갖고 싶었고, 가장 많은 트로피를 갖고 싶었고, 가장 많은 월드 챔피언십 타이틀을 갖고 싶었다. 나는 그냥 최고가 되고 싶었다. 영화에서도 마찬가지였다. 나는 그냥 영화에 출연하는 것을 생각한 게 아니었다. 나는 영화 스타가 되고 싶었다. 나는 가장 많은 보수를 받는 엔터테이너가 되고 싶었고 또 다른 존 웨인(John Wayne, 미국의 할리우드 스타)이 되고 싶었다. 여기에 과연 잘못된 것이 있나? 정치에서도 마찬가지였다."

물론 그가 보디빌딩 챔피언으로서 영화배우가 되려고 할 때, 그 과정이 순탄했던 것은 아니었다. 매니저와 에이전시, 스튜디오 관계자들을 만났을 때 그들의 반응은 이랬다.

"허허허, 아널드. 그것참 웃기네. 우선 네 몸부터 얘기해 보자. 네 몸을 봐. 너는 과하게 발달됐어. 너는 거대하고 괴물 같아. 지금 농담하는 거야? 지금 새로운 트렌드가 뭔지 알아? 작은 남자들이야. 그리고 네 독일식 악센트 말이야. 네가 말할 때 무서워. 독일식 억양을 가진 국제적인 영화 스타를 한 번이라도 본적이 있어? 그런 일은 일어나지 않아."

하지만 아널드 슈워제네거는 그들의 말을 듣지 않았다. 그는 연기 수업과 영어 수업, 스피치 수업, 대화 수업, 심지어 악센트 제거 수업까지 들으면서 배우로서의 실력을 키웠다. 누가 뭐라고 하건 꿈을 이루기 위해서였다. 그 야심이 그를 성공하도록 한 것이었다.

강렬한 야심 덕에 열악한 배경을 딛고 성공한 이민자들의 사례는 미국에 산적해 있다.

그리스 출신 이민자로 2005년 미디어회사 허핑턴 포스트를 창립한 아리아나 허핑턴은 어린 시절 침실이 하나밖에 없는 아파트에서 어머니와 여동생과 함께 가난하게 살았다. 그러던 중 영국 케임브리지대의 사진을 보고 그곳에 가서 공부하겠다고 결심했다. 하지만 막상 케임브리지대에 가고 싶다고 했을 때, 부친을 비롯한 주변 사람 대다수는 비웃었다. 반면 그녀의 모친은 "어떻게 갈 수 있을지 방법을 알아보자"고 말했고, 이후 정말로 장학금을 받아 케임브리지대에 입학할 수 있었다. 그녀는 케임브리지대의 저명한 토론조직인 '케임브리지 유니언(Cambridge Union)' 회장을 맡기도 했다.

아리아나 허핑턴은 1980년 미국으로 건너갔고, 1986년엔 이후 공화당 상원의원이 된 마이클 허핑턴과 결혼했다. 2005년엔 미디어회사 허핑턴 포스트를 출범시켰다. 허핑턴 포스트는 순식간에 가장 널리 읽히고 많이 인용되는 인터넷 미디어 브랜드로 떠올랐고, 2012년 국내뉴스 부문에서 퓰리처상을 수상했다. 또한 〈타임(Time)〉이 뽑은 세계에서 가장 영향력 있는 사람, 〈포브스(Forbes)〉가 선정한 가장 영향력 있는 여성에 이름을 올리기도 했다.

시스코(Cisco) 수석부사장을 지낸 인도 출신 이민자 인더 시두(Inder Sidhu)는 모국에서 공학으로 학사 학위를 받았는데, 당시만 해도 그의 일가친척 중 누구도 대학에서 공학을 공부한 사람이 없었다. 그는 대학 졸업 후 모국의 기업에서 채용 제의를 몇 차례 받았지만, 그것에 만족하지 않았다. 미국으로 건너가 공부를 하겠다는 야심 때문이었다.

당시 인더 시두는 미국의 대학에 어떻게 지원해야 하는지 그 절차도 잘 알지 못했다. 하지만 약 12곳의 대학에 지원했고 몇몇 대학에 합격했다. 문제는 돈이 없다는 것이었다. 부친에게 문제를 상의했지만, 꿈은 더 희미해질 뿐이었다. 미국에서의 1년치 대학 학비가 부친의 연봉보다 세 배나 많았던 것이다. 가족들이 학비를 감당하는 것은 현실적으로 불가능했다.

다행히 그의 모친은 "불가능이라는 단어는 바보들의 사전에 나오는 것"이라며 "네가 용기가 있다면 무엇이든 할 수 있다"며 꿈을 지지해줬다. 그의 모친은 집을 저당 잡고 대출을 받는 한편, 보석을 팔겠다고 말했다. 그의 모친이 어떤 대출을 받아 교육비를 감당했는지 모르지만, 몇 달 뒤에는 그는 정말 비행기를 타고 난생처음으로 미국에 갈 수 있었다.

인더 시두가 펜실베이니아대 와튼스쿨에서 MBA 과정을 밟고 구직하던 1990년대는 미국 경제가 좋지 않을 때였다. 하지만 좌절하지 않았다. 그는 2013년 와튼스쿨 졸업식 연설에서 당시를 회상하면서 "내가 경제에 대해 할 수 있는 것은 아무것도 없었지만, 나는 가능한 한 최고의 위치에 가기로 결심했다"라고 말했다. 비록 주어진 현실은 암울하더라도 원하는 것을 이뤄 최고가 되겠다는 야심이야말로 그를 지금의 위치에 오르게 한 것이었다.

한국에서 여공으로 일하다가 미국으로 건너가 하버드대 박사가 된 작가 서진규도 야심이 있었기에 주어진 현실을 뛰어넘을 수 있었다.

그녀는 한국에서 가난한 가정의 둘째 딸로 태어나 가발공장 등에서 일하다가 신문에서 미국 가정부를 구한다는 구인 광고를 보고 22세에 미국으로 떠났다. 달랑 편도 티켓과 100달러만 쥔 채였다. 당시 그런 식으로 구인광고를 통해 모집된 여성들은 미국에 가면 길거리에서 팔리는 일이 종종 있었다. 가족도 처음엔 미국행을 극구 반대한 이유였다.

당시 한국은 전 세계에서 가장 가난한 나라에 속했다. 유교사상으로 인해 딸에 대한 차별도 심했다. 하지만 그녀는 가난한 나라의 밑바닥에서 희망 없이 살 수는 없다고 생각했다. 그녀는 성공하겠다는 야심을 위해 위험을 감수했고, 설득 끝에 가족도 마음이 바뀌었다.

그렇게 미국에 건너가 일을 시작했고 결혼도 했지만, 삶은 순탄치 않았다. 한동안 매 맞는 아내로 살다가 가정 폭력을 피하기 위해 미군에 입대했다. 그러던 중 박사가 되겠다는 꿈을 이루기 위해 하버드대에 진학했고 43세에 석사학위를, 57세에 박사학위를 땄다. 누가 뭐라고 하든지 현실에 안주하지 않고 성공하겠다는 야심이 없으면 이뤄낼 수 없는 것들이었다.

이민자들은 자신이 태어나고 자란 곳에 머무는 것에 만족하지 못하는 사람들이었다. 이들은 더 넓은 무대로 나가서 성공하겠다는 꿈을 품었고, 그렇기에 시련에도 굴하지 않고 성공할 수 있었다. 각종 난관을 딛고 목표를 향해 전진하는 야심이야말로 성공의 동력이었다.

꿈은 자신이 현재 처한 상황보다 더 높은 목표와 이상을 갖는 것이고, 성취는 실제로 발을 내디딜 때 실현 가능한 것이다. 이민자들은 희망 없이 주어진 세계 안에 갇혀서 삶을 사는 것에 만족하지 못했고, 그것을 받아들이지도 않았다. 그렇기에 어떻게든 방법을 강구해 본국을 떠날 수 있었다. 설령 형편은 녹록지 않더라도, 그들은 지레 포기하지 않았다. 안 된다고 절망하거나 주저앉기보다는 되는 방법을 찾았고, 끝내 성취를 이뤄냈다.

　오늘날 미국에서 꿈과 야심을 이룬 이민자들을 볼 수 있는 것은 미국이 누구든 열심히 노력하면 성공할 수 있도록 하는 토양, 혹은 그렇다고 믿는 사회적인 분위기가 존재해서임은 부인할 수 없다. 하지만 분명한 것은 이민자들에게도 그런 토양을 활용할 수 있는 '야심의 씨앗'이 존재했다는 것이다. 야심 찬 이민자들은 이민강국의 핵심적인 경쟁력이었다.

회복탄력성

어느 누구에게나 이민자로서 삶의 현실은 만만하지 않다. 꿈과 야심을 품고 새로운 땅으로 떠나더라도, 정작 발을 내딛는 순간 각종 고난과 난관을 마주하기 마련이다.

미국에서 이민자들이 목표를 이루고 성공하며 새로운 역사를 써나갈 수 있었던 것은 그들에게 매번 행운의 요정이 나타났다거나 신기하리만치 일이 척척 풀려나가서는 아니다. 이민자들에겐 숱한 고난과 어려움이 다가왔지만, 그와 동시에 그것을 극복할 수 있는 배짱과 강인한 마음가짐이 있었다. 넘어지더라도 다시 일어날 수 있는 힘과 어려움을 이길 수 있는 용기, 그 회복탄력성이야 말로 삶의 원동력이었던 것이다.

미국의 이민자 중 상당수는 지독한 가난에 시달렸다. 하지만 그들은 부모나 사회를 탓하면서 주저앉기보다는 힘겨웠던 시절을 오히려 전환점으로 삼았다. 암울한 환경을 배짱과 근성을 키우는 계기로 활용했고, 이를 발판으로 꿈을 키워간 것이다.

미국의 패션 디자이너 루보브 아즈리아(Lubov Azria)는 우크라이나 출신 이민자로 어린 시절 경험한 가난 속에서 커리어에 대한 철학을 싹 틔웠다.

그녀는 유대인으로 본국의 유대인 박해를 피해 가족과 함께 미국 텍사스로 건너갔다. 어렸을 때 그녀는 패션에 대해 완전히 문외한이었다. 당시만 해도 본국에서는 모든 사람이 비슷한 옷을 입었기 때문에 패션이라는 것을 접할 기회가 없었다. 어려서부터 예술에 대한 관심이 있었지만, 그녀는 그저 예술사를 전공하는 사학과 교수가 되겠다는 꿈을 품고 있었다.

루보브 아즈리아가 18세이던 1986년, 가족들은 LA로 이사를 가게 됐다. 그녀는 그곳에 도착한 지 2주 만에 길거리에 쇼핑을 하러 나갔다. 커다란 백화점 창문 너머로 굉장히 아름다운 드레스가 눈에 들어왔다. 순식간에 매료돼 탈의실에 가서 착용해봤고, 거울 앞에서 한 바퀴 돌기도 하면서 굉장히 즐거운 시간을 보냈다. 다만 드레스의 가격을 보기 전까지 만이었다.

드레스의 가격은 무려 3,000달러였다. 그해 갖고 있던 자동차의 가격이 1,500달러였는데, 두 배였던 것이다. 당시 형편으로는 살 수 없는 가격이었다. 그녀는 2015년 구글에 초청받아 임직원들과 대화를 나누면서 당시 느낀 감정에 대해 이렇게 회상했다.

"드레스를 살 수 없었고, 그 고통은 나를 가격했다. '내가 여기서 뭘 해야 하나'라는 생각과 함께 모든 부정적인 생각이 흘러들었고, 나는 울기 시작했다."

하지만 그녀는 좌절하는 데 머물지 않았다. 아름다운 드레스를 포기하면서 빈부 격차에 분노하는 데 그치는 대신, 그 감정을 또 다른 에너지로 승화시켰다. 그녀는 이렇게 말했다.

"나는 거울을 보고 다짐했다. '내가 만약 한 번이라도 디자이너가 된다면 저렇게 비싸게 물건을 만들지 말아야지. 여자들이 이런 고통을 느끼게 하지 말아야지. 누구도 이런 고통을 느끼지 말아야 해.' 그 약속을 하고 드레스를 벗었다. 당시만 해도 나는 내가 디자이너가 되고 싶은지 전혀 몰랐지만, 드레스를 벗고 점원들에게 감사 인사를 하고 그곳을 나왔다."

이후 루보브 아즈리아는 패션스쿨에 진학했고, 디자이너가 됐다. 그녀는 "마치 (스스로와의) 약속을 한 이후 모든 것들이 변하는 것 같았다"고 회상했다. 1991년엔 BCBG 맥스 아즈리아 그룹에 디자이너로 입사했고 1996년 '크리에이티브 디렉터(creative director)'가 됐는데, 이후 BCBG 맥스 아즈리아는 미국의 주요 디자인 회사로 성장했다.

루보브 아즈리아는 언제나 과거 드레스의 가격을 보고 느낀 고통을 생생히 기억했고, 디자이너로서의 철학에 그것을 구현했다. 그녀는 이렇게 말했다.

"나에게 패션은 옷이 아니라 변화를 만드는 것이었다. 여성들이

자신들이 아름답다고 생각하게 만들고 세상을 더 낫게 만들 수 있다
고 생각하게 만드는 것이다……. 내가 돈을 위해 옷을 만들었다면 매
일 실패했을 것이다. 목적이 있어야 한다."

가난했던 어린 시절을 성공의 자양분으로 삼은 이민자들의 사례
는 미국에서 무수히 목격되고 있다.

'바이너 미디어(Vayner Media)' 설립자 개리 바이너척(Gary Vaynerchuk)은
벨라루스 출신 이민자로, 3세 때 미국으로 이민 온 직후 무척 가난한
어린 시절을 보냈다. 그의 가족 대여섯 명은 원룸형 아파트에서 함께
살 정도로 형편이 어려웠다.

부친은 술 판매점에서 일을 시작하다가 돈을 모아 자신만의 가게를
열었다. 장남이었던 개리 바이너척은 14세 때부터 부친의 가게에서
일하기 시작했다. 그는 어린 시절부터 야구카드를 팔면서 돈을 벌곤
했는데, 부친이 그런 아들을 비즈니스의 세계로 끌어들인 것이었다.

개리 바이너척은 사람들이 야구카드를 모으는 것처럼 와인을 모
을 수 있다는 것을 깨달았다. 그렇게 온라인 와인 상점 '와인 라이브
러리(Wine Library)'를 만들었고, 판매 기회가 있는 곳이라면 가장 먼저
움직였다. 와인 판매는 급증하기 시작했다. 그는 2006년엔 동영상 블
로그인 '와인 라이브러리 TV'를 만들어 운영하며 인지도를 쌓았고,
2009년엔 디지털 에이전시 '바이너 미디어'를 설립했다. 이후 페이
스북과 트위터, 우버 등에 투자하며 엔젤 투자자와 벤처 캐피털리스

트로 활동하는 한편, 작가로도 활동했다.

그는 찢어지게 가난했던 시절이 자신이 치열하게 일할 수 있도록 한 원동력이었다고 회고한다. 2015년엔 서던캘리포니아대에서 강연하면서 이렇게 말했다.

"우리는 엄청나게 가난했고 원룸형 아파트에 살았다. 나는 화장실 휴지를 사기 위해서 5마일을 걸어서 집에 와서는 1시간 동안 앉아서 더 효율적인 사용을 위해 그것을 하나하나 찢는 일이 어떤 것인지 알고 있다. 그 경험은 나에게 굉장한 이점이었다. 나는 최근 20년간 하루에 19시간씩 일했는데, 그것은 사실 내게 쉬운 것이었다……. 나는 이곳에 앉아서 당신들 모두에게 굉장히 무례한 추측을 갖고 있는데, 당신들은 나를 이기기엔 너무 유약하다는 것이다. 당신들은 (환경에 있어서) 더 나은 것을 갖고 있지만 그것만으로는 나를 이길 수 없다."

한 번은 인터넷방송에서 누군가가 "성공에 있어서 가장 큰 걸림돌은 무엇이라고 생각하느냐. 시간의 부족이냐, 자본의 부족이냐"라고 물었다. 그러자 그는 "성공의 가장 큰 걸림돌은 긍정주의의 부족이다. 그 질문 자체가 문제다"라고 말한 뒤 이렇게 답했다.

"내가 와인 라이브러리를 시작할 때는 시간이 있었지만 돈이 없었고, 지금은 돈이 있지만 시간이 없다. 하지만 그중 어떤 것도 절대 내게 변명이 되지 않을 것이다. 문제는 항상 있다. 성공을 가로막는 것은 수백만 가지가 있다. 가족의 건강과 웰빙, 당신이 살고 있는 나라와 정부가 갖고 있는 스타트업에 대한 정치적인 개념 등 이런 모든 것들이 문제가 될 수 있다. 기술을 가진 억만장자 경쟁자가 당신을 저격하기도 한다. 세상은 바뀌고 있고 수백만 가지의 걸림돌이 있다. 미디어도 당신에 대해 나쁜 기사를 쓸 수 있다."

개리 바이너척은 숱한 고난을 통해 역경을 극복하는 법을 배웠다. 그리고 세상은 만만치 않다는 것, 그것을 변명 삼기 시작하면 아무것도 할 수 없다는 것을 체득했다. 모든 것이 어려울 수 있다는 것을 염두에 뒀고, 그것을 극복하는 데 집중했다. 어려움을 뛰어넘고 역경을 돌파하는 근성이야말로 그가 타인을 압도할 수 있었던 원동력이었다.

가난하게 컸건 유복하게 컸건, 교육을 받았건 그렇지 않건 오늘날 미국에서 스스로의 힘으로 성공한 이민자들을 보면 어떤 종류의 어려움이건 마주해 극복한 것을 목격할 수 있다.

무언가 새로운 것을 시작하는 건 필연적으로 어려움을 동반한다. 그것이 새로운 삶이건, 공부건, 사업이건 말이다. 이민자들은 삶의 여정에서 크고 작은 어려움을 경험해야 했지만, 그것을 뛰어넘는 방법을 터득해가며 회복탄력성을 길렀다.

벤처캐피털 회사 '셔팔로 벤처스(Sherpalo Ventures)' 창립자 램 스리람(Ram Shriram)은 인도 출신 이민자로 대학 졸업 이후 끊임없이 고난과 실패를 마주하고 극복했다.

램 스리람은 현재 미국의 거대한 부호로 꼽히지만, 미시간대를 졸업하고 구직활동을 하던 당시만 해도 상황은 암울했다. 오일쇼크로 인해 일자리가 부족했기 때문이다. 여러 자동차 회사에 시스템분석가로 일하겠다고 지원했지만, 누구도 그를 채용하지 않았다. 결국 조그마한 소프트웨어 회사에서 시스템분석가로 일했다.

그는 2015년 미국 서던캘리포니아대 연설에서 "나는 졸업 후에 나의 적극적인 선택 때문이 아니라, 적은 기회 때문에 기술 분야에서 일하게 됐다"고 회상했다.

램 스리람은 1983년 캘리포니아로 가서 스타트업에 합류하거나 스타트업을 만들며 새로운 일을 시작했다. 이때 더 많은 실패를 경험하게 된다. 그는 자신의 실수를 기록한 뒤, 이것을 스스로 '내 실수의 작은 책'이라고 불렀다. 책에는 과거 행동을 후회해야 한다면 그것으로부터 배우고 다시는 반복하지 말아야 한다는 것, 실패의 비용이 시도하지 않는 것의 비용보다 큰 경우는 대체로 드물다는 것 등의 교훈을 담았다. 설령 실패하더라도 무너지기보다는 실패를 기록하며 그것으로부터 일어서는 법을 스스로 배운 것이다.

이민자들은 설령 현실은 초라하더라도 '해낼 수 있다'는 배짱을 갖고 있었다.

투자 회사 '애비뉴 캐피털 그룹(Avenue Capital Group)' 창립자 마크 라스리(Mark Lasry)는 모로코 출신 이민자로 회사를 처음 시작할 무렵 직원들이 2명밖에 없었다. 거래처에선 "당신들은 2명밖에 없는데 왜 내가 거래해야 하느냐"고 물었다. 직원들이 늘어나도 마찬가지였다. 직원이 3명이 됐을 땐 "왜 내가 직원이 3명인 회사와 거래해야 하느냐"

는 질문을, 직원이 10명이 됐을 땐 "왜 내가 직원이 10명뿐인 회사와 거래해야 하느냐"는 이야기를 들었다. 그는 매번 "우리가 더 잘할 수 있을 것"이라고 상대방을 확신시켰고, 회사를 성장시켰다.

마크 라스리는 미국의 지식포럼 '빅 싱크(Big Think)'와의 인터뷰에서 이렇게 말했다.

"당시를 되돌아보면 가장 어려웠던 부분은 매번 특정 단계에 도달할 때마다 우리가 그것을 다룰 수 있다고 누군가에게 확신시켜야 했다는 것이다. '그렇다. 직원이 10명밖에 없지만 괜찮다. 우리는 할 수 있다'는 식으로 말이다. 직원이 25명이 됐다면 직원 100명을 가진 회사와 겨뤄야 한다. 직원이 100명이 되면 직원이 500명인 회사와 경쟁해야 한다. 언제나 경쟁해야 하고, 더 잘할 수 있다는 것을 상대방에게 설득시켜야 했다."

이민자들에게 실패는 어떤 의미에서는 그들이 가진 회복탄력성을 나타내는 것이었다.

미국에서 성공한 많은 이민자는 인생 여정을 이야기할 때, 무수한 실패 경험을 언급하면서 실패에서 배울 것을 강조한다. 그들이 실패를 이겨내는 법을 배웠기 때문이다.

미국의 비주얼 컴퓨팅 회사 '엔비디아(Nvidia)'를 공동창립한 대만 출신 젠슨 황(Jen-Hsun Huang)은 2009년 오레곤주립대 연설에서 이렇게 말했다.

"실패를 포용하는 법을 배워라. 우리는 인생 내내 실패하지 말라는 가르침을 받았다. 내가 이곳에 서 있는 이유는 당신들이 실패를 포용하는 방법을 배우길 원하기 때문이다. 실패를 피하는 것은 성공을 이루는 것과 같지 않다. 실패를 보게 되는 것은 근원을 발견하는 것과 같다. 그것은 어떻게 무언가를 하지 말아야 하는지 발견하는 것이다. 실패는 종종 성공으로 향하는 길에 있는데, 엔비디아에 있어서도 마찬가지였다."

엔비디아의 창업 초기는 실패의 연속이었다. 그들은 업무의 특정 분야에 있어서 자신들만의 방식을 고집했는데, 2년간 수많은 돈을 쓰고 완전히 실패한 뒤에야 그 방식을 바꿨다.

하지만 실패로부터 무언가를 배웠다. 엔비디아가 기존에 고수한 방식은 표준에 부합하지 않았기 때문에 그 방식을 소프트웨어개발자와 게임개발자들에게 직접 전파해야 했는데, 그 과정에서 그들의 감성을 받아들일 수 있게 됐기 때문이다. 젠슨 황은 이 과정에서 기술은 중요하지만, 단순히 칩이나 기술 회사에 머물 게 아니라 예술과 교차해야 한다는 것을 깨달았다. 자신들의 기술이 게임개발자로 하여금 예술적으로 그들의 상상을 표현할 수 있게 해야 한다는 것, 단순히 칩을 개발하는 게 아니라 경험을 만들어야 한다는 것 말이다.

젠슨 황은 당시의 실패로부터 배운 경험에 대해 이렇게 말했다.

"이 경험은 우리가 일에 어떻게 접근하는지에 대해 근본적인 차이를 만들었고, 컴퓨터산업을 바꾼 많은 발명으로 이끌었다……. 그 감성은 지금도 우리 회사에 스며들어 있다. 이것은 모두 우리가 잘못된 기술을 선택했기 때문에, 우리가 실패했기 때문에 시작된 것이었다.”

미국에서 새로운 산업과 회사를 일으킨 이민자들은 실패를 두려워하지 않았다.

인도 출신으로 미국에서 '선 마이크로시스템스(Sun Microsystems)'를 창립한 비노드 코슬라(Vinod Khosla)도 마찬가지였다.

그는 개인적으로는 사업이나 기술과 관련해 아무 연결고리가 없었다. 부친은 16세 때부터 군에서 재직한 직업군인이었다. 비노드 코슬라는 책을 통해 16세에 인텔(Intel) 창립에 대해 접하고는 그것을 자신의 롤 모델로 삼았고, 기술 회사를 만들겠다는 꿈을 가졌다. 어떤 어려움이 있더라도 그에겐 문제가 되지 않았다. 그것을 타개할 방법을 찾으면 되기 때문이었다.

그는 인도에서 대학을 졸업한 후, 미국에 가고 싶었지만 돈이 없었다. 하지만 수소문 끝에 카네기멜런대에서 장학금을 받을 수 있는 방법을 찾아냈고, 미국에 건너갔다. 이후 카네기멜런대와 스탠퍼드대에서 석사학위를 받았고, 선 마이크로시스템스를 설립했다.

비노드 코슬라는 2015년 스탠퍼드대 경영대학원에서 진행한 강연에서 이렇게 말했다.

“나는 삶에 철학이 있다. 무엇이든 내가 믿는 것은 실행이 되도록 해야 한다는 것이다. 무언가를 진짜 믿는다면 그게 실현되도록 최선을 다해야 한다. 항상 실현되는 것은 아니지만 대부분의 경우에 실현된다. 실패하든 그것은 상관없다. 오로지 성공만이 상관있다. 당신이 무엇에 실패를 했는지는 아무도 기억하지 않는다. 모든 사람이 선(마이크로 시스템스)을 안다. 하지만 내가 선을 시작하기 전에 만든 회사들을 아는 이가 있는가? 사람들은 당신의 실패들을 기억하지 않는다. 내게 실패하려는 의지는 성공할 능력을 준다. 대부분의 사람은 실패하는 게 두려워서 중요한 일을 시작하지 않는다."

어려움을 이겨내는 이민자들의 회복탄력성이야말로 미국이 가진 힘이었다.

미국에 갈 돈이 없다고 하더라도, 미국에 도착해 가난하게 살았다고 하더라도, 사업을 시작해 실패했다고 하더라도, 회복탄력성을 지닌 이민자들에겐 문제가 되지 않았다. 그들은 좌절하지 않고 해결방법을 찾아내며 문제를 뛰어넘었고, 근성과 배짱을 기르며 성공의 자양분으로 활용했다. 이민자들의 이런 특성은 미국에서 새로운 변화와 진보를 만들어냈다.

이민국가에서 어떤 이민자들을 받아들이는지는 그들을 둘러싼 사회의 시스템만큼이나 중요했다. 국가의 경제적인 상황과 사회적인 분위기는 얼마든지 변할 수 있고, 설령 외부여건이 좋더라도 이민자 개개인이 마주하는 환경은 제각각이기 때문이다.

한 사회가 인적자원을 토대로 발전할 수 있느냐는 어떤 여건 속에서도 희망을 품고 '되는 방법'을 찾으며 목표를 이뤄내는 구성원들이 있느냐에 따라 좌우된다. 미국에 온 이민자들은 악재가 있더라도 그것을 뛰어넘을 줄 알았고, 사회가 더 발전할 수 있도록 기여했다. 미국이 이민강국이 될 수 있었던 것은 분명히 이들이 있었기 때문이었다.

글로벌
감각

　　오늘날 많은 국가가 전 세계의 뛰어난 이민자들을 유치하려고 열을 올리는 것은 그들이 모험심이나 야심, 회복탄력성만 갖췄기 때문이 아니다. 이민자들은 그 자체로 원주민들과는 차별되는 종류의 자산을 갖고 있다. 자신이 살던 세계와 완전히 다른 세계로 삶의 터전을 옮겨보는 경험은 국제적인 감각을 길러주고 전 세계적인 차원의 연구와 사업, 활동을 벌이기에 적합하도록 한다. '글로벌 감각'을 갖추기에 용이하다는 것이다.

　이민자들이 축적한 글로벌 감각과 지식, 감수성은 이들을 받아들이는 국가에 직접적이고 강력한 도움이 된다. 세계화가 심화되는 시대에 새로운 사업을 일으키고 외교적인 전략을 짜고 국제 무대에서 활동하는 데 있어 굉장한 자산이기 때문이다.

　실제로 미국의 이민자 중에서는 이민 경험을 통해 쌓은 글로벌 감각을 십분 활용하는 사람들이 적지 않다. 이들은 이민 경험을 토대로 국제적인 학문 분야를 연구하거나, 비정부기구(NGO) 활동으로 국제 사회에 기여하거나, 전 세계 시장을 상대로 사업을 벌인다.

미국의 사업가 얀 쿰(Jan Koum)이 전 세계 어디서나 간편하게 연락할 수 있는 모바일메신저 '왓츠앱(Whatsapp)'을 창업한 것도 우크라이나 출신 이민자로서의 경험으로부터 영향을 받은 것이었다. 우크라이나 에서 생활하던 어린 시절, 그의 집에는 전화기가 있었지만 친구와 이 웃 상당수는 그렇지 않았다. 주변 사람들은 그의 집에 찾아와 "다른 도시에 있는 사람에게 전화를 걸어야 하는데 전화기를 빌려도 되느 냐"고 묻곤 했다. 그의 집 전화기는 아파트단지에서 공유하는 자원 이나 마찬가지였다.

얀 쿰은 미국으로 이민 온 뒤 소통수단의 필요성을 더더욱 절감했 다. 그는 2014년 '모바일 월드 콩그레스(MWC; Mobile World Congress)'에서 이렇게 말했다.

"지금은 많은 사람이 노트북과 스마트폰, 디지털카메라, 아이패드 를 갖고 있다. 22년 전에는 그중 어떤 것도 존재하지 않았다. 심지어 모바일폰도 존재하지 않았다. 그것은 내게 꽤 고통스러운 상황을 줬 다. 나는 전화기가 있는 곳까지 걸어가야 했고 다이얼을 걸어야 했 다. 유럽과 미국 사이에 전화를 걸려면 더 복잡했다. 연락하는 데 있 어서 분명히 어려움을 겪었다. 이것은 우리가 오늘날 모든 사람이 친 구들이나 가족들과 연락하는 데 어려움을 겪지 않도록 열정적으로 일하는 데 기여를 했다."

얀 쿰은 모든 사람이 서로 연락을 할 수 있게 하도록 한다는 미션에 이끌렸다. 어린 시절 자신이 목격한 소통의 불편함이 세상 그 어느 곳에서도 발생하지 않기를 바랐다. 2009년 왓츠앱 창업 당시에는 사용자도 수익도 없었지만, 이런 비전이 있었기에 열정적으로 일할 수 있었다. 그는 MWC에서 왓츠앱 개발 배경에 대해 이렇게 설명했다.

"우리는 사용하기 간편하고, 꽹장히 이해하기 쉽고 빠르며, 언제나 작동하는 걸 만들길 원했다. 그리고 사람들을 연결하길 원했다. 우리의 미션 중 일부는 사람들을 연결하는 무엇을 만드는 것이었다. 그게 전부였다. 우리는 그 외에 많은 것을 바라지 않았다."

미국에서 전 세계를 연결하려는 이상에 이끌려 성공한 이민자 사업가는 그뿐이 아니다.

1995년 온라인 경매 사이트 이베이를 설립한 피에르 오미다이어(Pierre Omidyar)는 프랑스 출신이다. 그는 2014년 성공적인 기업가들을 소개하는 곳인 '코퍼레이트 밸리(Coporate Valley)' 강연에서 창업 당시 자신의 비전이 "하나의 글로벌 무역 커뮤니티를 만드는 것"이었다고 말했다. 그리고 다음과 같이 설명했다.

"당신이 무슨 언어를 사용하든 혹은 전 세계 어디에 있든, 당신이 효율적인 시장의 일부가 될 수 있는 곳, 그래서 당신이 소비자에서 생산자가 될 수 있는 곳 말이다."

피에르 오미다이어의 눈은 단순히 미국이나 특정 지역에 머물지 않았다. 그는 글로벌 무역 커뮤니티를 만들어 세상을 더 공정하게 만들고자 했고, 전 세계의 누구에게든 동등한 기회를 주겠다는 이상을 갖고 있었다. 그는 2015년 이베이 행사에서 이렇게 말했다.

"우리 실리콘밸리 사람들은 세계에서 무엇이 가능한지에 대한 굉장한 비전을 갖고 있다. 성공적인 기업가가 되려면 스스로만의 망상을 약간 갖고 있어야 한다고 생각한다. 그리고 그것이 실현되도록 하게 하는 스스로의 능력이 있어야 한다. 기술은 잠재력이 있고, 세상이 돌아가는 방식을 근본적으로 바꿔놓고, 더 공정하게 만들 수 있다. 그것은 더 많은 사람의 역량을 강화할 수 있고, 우리의 잠재력을 완전히 실현되도록 할 수 있다. 당신이 어느 인종이건, 어느 나라에서 왔건, 어느 종교를 따르고 있건 우리는 모두 같은 잠재력을 갖고 평등하게 태어났다. 하지만 우리는 동등한 기회를 갖고 있지 못하다. 그리고 우리는 세계의 모든 사람에게 기회를 만들어내기 위해 할 수 있는 모든 것을 해야 한다."

미국에 온 이민자들은 자신이 경험한 국제문제에 대한 통찰과 지식도 함께 가져왔다. 그들은 정부와 학계에서 활약하면서 자신의 지적인 역량을 펼쳤고, 미국의 외교관계와 학문 발전에 기여했다. 미국이 소프트 파워를 가질 수 있었던 것은 이런 이민자들 덕분이었다.

폴란드 출신 이민자 즈비그뉴 브레진스키(Zbigniew Brzezinski)는 미국에서 국가안보보좌관으로 재직했다. 그는 외교관인 부친이 독일과 소련 등에서 재직한 까닭에 어린 시절 일부를 나치의 부흥과 스탈린의 대숙청을 보고 들으면서 자랐다. 이들 가족이 부친의 새로운 근무지인 캐나다로 옮겼을 때 독일과 소련은 폴란드를 침공했고, 폴란드는 연합군에 의해 소련에 할당됐다. 가족은 모국에 안전하게 돌아갈 수 없었고, 캐나다에 머물게 됐다.

제2차 세계대전은 즈비그뉴 브레진스키의 생애에 커다란 영향을 미쳤다. 그는 한 인터뷰에서 "폴란드에 엄청난 폭력이 가해진 것은 세계에 대한 나의 인식에 영향을 미쳤고, 세계 정치는 근본적인 투쟁이라는 것에 대해 나를 더 민감하게 만들었다"고 회상했다.

즈비그뉴 브레진스키는 맥길대에서 석사학위를, 하버드대에서 박사학위를 받았다. 1958년엔 미국 시민이 됐다. 미국에서 세계에 더 큰 변화를 만들 수 있다고 믿었기 때문이다. 그는 더 공정한 국제 시스템을 만들어서 폴란드를 돕겠다고 다짐했다.

폴란드계 이민자로서의 경험은 동유럽과 소련에 관심을 갖고 전문성을 쌓게 한 원동력이 됐다. 즈비그뉴 브레진스키는 컬럼비아대에서 학생들을 가르치며 공산주의 연구기관(Research Institute on Communist Affairs) 장을 맡았다. 존 F. 케네디 대통령의 대선 때는 자문역을 맡았고, 정부의 정책기획위원회(Policy Planning Council)에서 일하기도 했다. 또 데이비드 록펠러와 함께 3개국 위원회(The Trilateral Commission)를 만들었다. 이런 전문성과 역량을 높이 산 지미 카터(Jimmy Carter)는 그를 국가안보보좌관으로 선택했다.

미국에서 미-이란 외교관계 전문가로 꼽히는 트리타 파르시(Trita Parsi) 박사도 이란 출신 이민자라는 점이 학자로서의 관심과 커리어에 깊은 영향을 미쳤다.

트리타 파르시의 가족은 1970년대 후반 이란에서 혁명이 일어난 직후 정치적인 억압을 피해 모국을 떠나 스웨덴으로 향했다. 그는 스웨덴 웁살라대에서 정치학을 공부하고 스톡홀름대에서 경제학으로 석사를 받은 뒤, 미국 존스홉킨스대 박사과정에 진학했다. 이때 『역사의 종말(The End of History, 1992)』이라는 책으로 유명한 프랜시스 후쿠야마(Francis Fukuyama) 교수 밑에서 공부하면서 학위를 취득했고, 미국에 머물기 시작했다.

트리타 파르시는 외교관계에 관한 수많은 명저를 펴내면서 명성을 쌓았다. 2010년에는 '세계 질서를 향상시킨 아이디어에 대한 그라베마이어 상(Grawemeyer Award for Ideas Improving World Order)'을 받아 주목을 받았다. 그리고 미국에서 '전국 이란계 미국인 협회(NIAC; National Iranian American Council)'를 창립하고 회장을 맡기도 했다.

트리타 파르시 역시 이민자로서의 경험에서 굉장한 영향을 받았다. 그는 2007년 UC버클리대에서 해리 크라이슬러(Harry Kreisler) 교수와 인터뷰를 하면서 "부모님이 당신의 세계관 형성에 어떤 영향을 줬느냐"는 질문을 받자 이렇게 답했다.

"그 시대에 태어나고 혁명을 겪고 이란과 이라크의 전쟁을 겪는 것은 사실상 정치적인 영향을 받지 않기가 매우 어려웠다. 아주 어린 시절부터 나는 굉장히 정치에 관심이 많았는데, 왜냐면 우리가 하는 모든 것을 규정했기 때문이다. 우리는 떠나야 했고 아버지는 감옥에 갇혔다. 이런 것들은 분명히 내가 세상을 바라보는 것에 영향을 미쳤다. 부친은 정치적인 활동가가 아니었지만 비판적이었다. 그렇기에 감옥에 갇혔다."

해리 크라이슬러가 이 인터뷰에서 "그렇다면 당신이 국제정치에 대해 학문적인 커리어를 추구하는 게 불가피한 것이었느냐"고 묻자, 그는 이렇게 답했다.

"이런 것들은 내가 단지 5살 때 일어난 일이었다. 분명히 내 나머지 삶에 굉장하고 엄청난 영향을 미쳤다."

이민자들의 국제이주 경험이 훌륭한 자산이 되는 것은 그것이 한 가지 세계만 경험한 사람들은 알기 어려운 부분까지 헤아릴 수 있게 하기 때문이다. 다양한 세계를 경험하는 데서 오는 지적인 호기심과 관찰력은 이들을 받아들이는 나라의 지적 토양을 풍부하게 한다.

국제 빈곤 분야의 저명한 학자인 아나냐 로이(Ananya Roy) UCLA 교수는 인도 출신 이민자로서의 경험이 학자로서의 관심에 영향을 미쳤다. 그는 2014년 '캘리포니아대 텔레비전(UCTV)' 인터뷰에서 해당 이슈에 어떻게 관심을 갖게 됐는지에 대해 이렇게 말했다.

"나는 인도 콜카타 중산층 가정에서 자랐다. 빈곤과 마주하는 것은 현실적이면서도 제한돼 있었다. 대부분의 경우에는 특정한 혜택을 입은 중산층의 거품 속에서 살고 있었기 때문이다. 유니폼을 입고 스쿨버스를 타고 학교에 다녀와서 집에서 좋은 음식을 먹는 식이었다. 그리고 좋은 교육을 받을 능력이 있었다. 18세에 미국에 혼자 왔는데, 내가 이민자라는 것을 깨닫는 데 몇 년이 걸렸다. 한곳에서 다른 곳으로 옮기는 여정 또는 이동이 다른 이민자들이나 디아스포라(diaspora, 고국을 떠나 흩어진 사람들) 멤버들에게 마찬가지인 것처럼 내가 특정한 회고를 하도록 이끌었다. (내가 졸업한) 밀스 칼리지도 자신들만의 혜택받은 세계인 것은 마찬가지였다. 캠퍼스 문은 굉장히 아름다웠다. 내가 계속 살았던 캘리포니아 오클랜드의 엄청난 빈곤 속에서 말이다. 밀스 칼리지에 있으면서, 특히 사회학 과정에 있어서 종종 콜카타에 대해 회상하도록 요구받았다. 그곳을 생각해볼 때마다 나는 빈곤과 불평등에 대해 계속 생각하게 됐다. 그리고 그것은 내 연구와 가르침에 있어서 계속적인 관심의 대상이 됐다."

아나냐 로이는 빈곤에 대한 연구를 하면서 제3세계의 빈곤을 이해하기 위해 고향인 콜카타를 종종 찾았다. 2013년엔 테드(TED) 강연에서 자신이 콜카타의 불법 거주자들과 슬럼 거주자들의 주거지를 찾아 연구한 경험을 소개하면서 반향을 얻기도 했다. 미국에서 학문이 깊고 넓게 발달할 수 있었던 것은 이 같은 이민자들의 기여 덕분이었다.

전 세계 다양한 상황을 보고 듣는 이민자들의 경험은 때때로 이들이 국제적인 문제를 해결하는 데 발 벗고 나서도록 하게 했다.

2012년 세계은행 역사상 첫 비(非)백인 총재로 선출된 한국계 미국인 김용(Jim Yong Kim)은 서울에서 태어나 5살 때 부모와 함께 미국으로 이민을 갔다. 그가 전 세계의 빈곤과 건강 문제에 대해 관심을 갖게 된 것은 이민자로서 개인적인 배경과 관련이 있다.

김용의 부친은 어린 시절을 북한에서 보낸 뒤 17세에 혼자 남한으로 건너왔는데, 각고의 노력 끝에 서울대에 입학해 치과의사가 됐다. 하지만 돈이 없어서 길에서 불법으로 파는 국수를 사 먹곤 했다고 한다. 부친은 아들에게 경찰이 판매상들과 손님들을 단속하며 쫓아오는 와중에도 계속 국수를 먹어야만 했던 옛 시절을 종종 이야기하곤 했다. 그의 모친도 남동생을 데리고 서울에서 마산까지 걸어서 피난을 가는 등 비참한 어린 시절을 보냈다.

이들 부모가 미국에 가서 공부할 수 있었던 것은 낯선 사람들의 도움 때문이었다. 부친은 미국인 치과의사의 도움으로, 모친은 미국에 기반을 둔 비밀 여성조직의 도움으로 미국의 대학에 진학해 공부를 할 수 있었다. 두 사람은 뉴욕에서 열린 한국인들의 파티에서 만났고, 현지에서 결혼식을 올리고 살다가 한국으로 돌아와 김용을 낳았다. 하지만 각종 군사적인 충돌과 시위로 한국의 상황이 불안정하자 다시 미국으로 돌아가게 됐다.

이민자로서의 성장 경험은 여러 가지 측면에서 커다란 영향을 미쳤다.

김용은 아이오와에서 각종 인종차별을 경험하면서 자랐다. 부친은 치과의사이고 모친은 철학자였음에도 불구하고 아시아인이라는 이유로 조롱을 당하고 우스갯거리가 됐다. 그는 브라운대에 입학했고, 철학과 정치학에 관심을 갖고 정치에 입문하려고 생각했다. 세상에 문제와 부정의가 있으며, 그렇기에 세계를 바꾸고 싶다는 생각 때문이었다.

부친의 권유로 의대에 입학했지만, 세계에 대한 관심은 그치지 않았다. 그는 하버드대 의대 교수로 지내면서 친구와 함께 의료봉사기구인 파트너스인헬스(PIH; Partners in Health)를 설립해 빈곤지역에서 결핵 퇴치를 위한 구호활동을 벌였다. 세계보건기구(WHO)에선 에이즈국장을 맡기도 했다. 그가 2009년 아시아계 미국인 중 최초로 다트머스대 총장이 되어 대학으로 자리를 옮긴 것은, 다트머스대 제12대 총장을 지낸 존 슬로안 디키(John Sloan Dickey)가 1946년 학위수여식에서 학생들에게 한 다음과 같은 발언에 감명을 받았기 때문이었다.

"세계의 문제들은 여러분의 문제들이다……. 그리고 더 나은 인간들이 고칠 수 없는 세계에는 아무런 문제가 없다(The world's troubles are your troubles…… and there is nothing wrong with the world that better human beings cannot fix)."

김용은 이 발언을 접하고서 이런 생각을 했다고 한다.

'맙소사. 이게 대학 총장이 하는 일인가? 이것이 대학을 맡으면 가능한 일인가? 에이즈나 결핵과 같은 특정한 문제에 내 몸을 던지는 것 대신 수천 명의 젊은이를 훈련시키는 게 가능한 것인가? 그들을 잘 훈련시켜서 굉장한 영감을 받게 하고, 문제에 그들의 몸을 던지게

할 수 있다면 그들이 해결할 수 없는 문제는 없을 것이다.'

김용은 대학 총장 선출을 위한 조사위원회에 "그게 당신들이 내가 하길 원하는 것이냐"라고 물었고, 위원들은 "그렇다"고 화답했다. 그는 2009년 '한국계 미국인 커뮤니티 재단 연찬회(Korean American Community Foundation Annual Gala)' 기조연설에서 이런 일화를 소개하며 이민자로서의 자신의 배경과 연결 지어 이렇게 말했다.

"페루에서 쓰레기더미에서 사는 사람들을 본 적이 있다. 가슴이 굉장히 뭉클했다. 그것은 내가 무언가를 하고 돕고 싶도록 했다. 그것은 1950년대 한국의 장면과 같았다. 당시 사람들은 쓰레기더미에서 살았다. 1950년대엔 23%만 글을 읽을 줄 알았다. 국민총생산(GNP)은 아이티와 같았다……. 내가 현재 일하는 어떤 환경보다 부모님이 과거에 더 나쁜 환경에 살았다는 것을 생각하면 놀랍다."

그가 한국계 미국인으로서 느끼는 세계에 대한 책임은 이런 경험에서 비롯된 것이었다.

자신이 태어나거나 자란 나라를 넘어 전 세계로 시선을 돌릴 줄 아는 이민자들의 넓은 시야와 글로벌한 책임의식은 미국이 사업과 학문, 외교관계, 국제활동 등 여러 분야에 있어서 전 세계를 주도하는 나라가 되도록 했다. 이민자들의 출신국은 제각각이었지만, 이들은 그것을 발전적으로 활용하면서 사회에 기여했고 국제사회에 또 다른 역사를 써나갔다.

탁월함을
위한
노력

        이민자들이 성공하는 사람들이 갖고 있는 특성을 얼마나 갖고 있건 간에 실제로 그들의 성공을 결정짓는 가장 중요한 요소는 단 하나일 것이다. 바로 '탁월함'이다. 어느 분야에서나 탁월함을 추구하고 이뤄내는 사람만이 변화를 만들어내고 목표를 성취할 수 있다. 그리고 탁월함을 추구하려면 반드시 남들보다 두 배, 세 배의 노력을 쏟아야 한다.

  우리가 미국의 이민자와 그들의 가정에서 엿볼 수 있는 것은 그들이 목표와 성취를 중시할 뿐 아니라, 탁월함을 위해 각고의 노력을 기울인다는 것이다.

  성공한 이민자들은 무엇이든 적당히 하는 것에 만족하지 않았다. 그들은 최고의 노력과 헌신을 추구했고, 가장 좋은 결과를 얻길 원했다. 그것이야말로 이민자들을 낯선 땅으로 떠나게 하고, 잘 정착하게 하고, 새로운 사회에서 번영하게 한 원동력이자 이유였다.

대만 출신 이민자로 미국에서 '야후(yahoo)'를 설립한 제리 양(Jerry Yang)은 2009년 미국 하와이대 연설에서 성공하기 위해 필요한 조건에 대해 이렇게 말했다.

"성공은 높은 IQ나 타고난 재능에서 오는 게 아니다. 그것은 열심히 일할 의지를 수반한다. 맬컴 글래드웰(Malcolm Gladwell)은 저서 『Outliers(아웃라이어)』에서 '1만 시간의 법칙'을 소개했는데, 이는 어느 곳에서든 전 세계적인 전문가가 되기 위해서는 1만 시간 또는 10년의 노력과 연습이 필요하다는 것이다. 좋은 바이올리니스트와 거장의 차이는 야심과 필수적인 시간에 쏟는 훈련으로 귀결된다."

제리 양은 성공을 위해 거창한 운이나 요행을 바라지 않았다. 그는 최고가 되기 위해 실력을 갈고닦는 것, 탁월함을 위한 노력을 중요시했다. 그 중요성을 체득한 데는 이민자로서 경험의 영향이 컸다. 별반 가진 것도 없이 새로운 땅에서 삶을 일군 이민자들은 노력 없이 살아남을 수 없었다. 그는 연설에서 자신의 성장배경을 이렇게 말했다.

"어머니는 나에게 인내의 법칙을 가르쳐 줬다. 내가 야후를 설립한 이후 분명히 도전에 직면한 것은, 어머니가 편모(single parent)로서 몇 개의 짐 가방과 2명의 어린아이를 데리고 미국에 왔을 때와 비교하면 결코 아무것도 아니었다. 나는 그때 10살이었는데, 내가 아는 유일한 영어는 '신발(shoe)'이었다. 나는 굉장히 좌절을 느끼기 쉬운 상황에 놓여있었다. 하지만 열심히 일했고, 열심히 공부했고, 열심히 놀았다. 그렇다. 좋은 시점과 어떤 운이 내가 야후를 시작하는 데 일정한 역할을 했지만, 노력과 끊임없는 준비를 대체할 수 있는 것은 없다."

2014년 미국 마이크로소프트의 CEO가 된 인도 출신 사티아 나델라(Satya Nadella)도 탁월함을 강조하고 있다. 그는 2015년 '드림포스(Dreamforce)'라는 행사에서 자신이 CEO로 취임하고 난 뒤 변화한 것에 대해 다음과 같이 말했다.

"내가 규정하는 (회사의) 문화는 탁월함을 추구하는 것이다. 즉 어떤 회사가 훌륭한 일을 하고 있다고 하더라도, 그 이면을 봐야 한다는 것이다. 그리고 문화를 이해해야 한다. 왜냐하면 그것이야말로 무엇이든 훌륭한 것을 이루기 위해 (무언가를) 생산하는 것이기 때문이다. 내가 열망하는 회사 문화가 있다면 그것은 '배우는 생활 문화(learning living culture)'다. 이런 성장하는 마인드의 개념은 매일 내가 전날보다 더 나을 것이라는 자세다. 개인으로서나 회사로서나 그게 내가 마이크로소프트의 문화로 원하는 것이다."

성공한 이민자들은 특정한 위치나 물질적인 목표를 이루는 것에만 치중하지 않았다. 그들은 스스로를 발전시키고 최고의 결과를 얻기 위해 끊임없이 노력했고, 그것을 중시했다.

인도 출신으로 초프라 재단(The Chopra Foundation)의 설립자인 미국의 의학자 디팍 초프라(Deepak Chopra)는 〈뉴욕타임스〉 베스트셀러를 포함해 80권이 넘는 책을 쓰면서 유명 작가로도 활동했다. 이 역시 탁월함을 추구한 결과였다. 그는 한 인터뷰에서 "어떻게 이 모든 것을 성취할 수 있었느냐"라는 질문을 받자 다음과 같이 답했다.

"나는 당시 내가 옳다고 생각한 것을 했을 뿐이다. 내게는 항상 삶에 함께한 두 가지 문구가 있었는데, 바로 '탁월함을 추구하고 성공을 무시한다(persue excellence and ignore success)'였다. 나는 성공은 과대평가된 용어라고 생각한다. 많은 성공한 사람이 행복하지 않고 이혼을 하고 약물 중독에 고통받고 재활에 들어간다. 왜 그게 성공이라고 불리는가?"

부와 명성을 쌓은 이민자들은 하나같이 인생을 치열하게 살았다. 그들은 남들보다 훨씬 많이 노력해서 가난을 극복하고 사업을 키웠으며, 새로운 성취를 이뤄냈다. 세상에 공짜 점심은 없다. 노력하지 않고 편하게 살면 더 적게 이루고, 더 적게 극복할 것이었다. 이민자들은 노력의 가치를 믿었고, 더 높은 목표를 세웠고, 불굴의 의지로 이를 실행해나갔다.

미국 '레드 애플 그룹(Red Apple Group)' 회장 존 캐치마티디스(John Catsimatidis)는 그리스의 조그마한 섬 니시로스 출신이다. 그의 가족은 미국으로 건너온 뒤 뉴욕의 할렘에서 살았는데, 부친은 식당 종업원이었고 모친은 전업주부였다. 존 캐치마티디스는 뉴욕대에 다니면서 오전에 학교에 가서 오후 4시까지 공부한 뒤, 오후 5시부터 새벽 1시까지 조그마한 가게에서 일했다. 대학 4학년 때는 사업에 전념하기 위해 학교를 중퇴했다.

그렇게 치열하게 일에 전념한 끝에, 25세 생일엔 10개의 '레드 애플 슈퍼마켓(Red Apple Supermarkets)'을 운영할 정도로 사업에 성공했다. 이후엔 레드 애플 그룹을 설립하고 에너지, 항공, 소매, 부동산 분야까지 사업 영역을 다각화해 8,000명이 넘는 종업원을 둔 기업으로 키워냈다. 그는 2014년 대먼칼리지 졸업식 연설에서 "나는 할렘에서 자랐다는 것을 한 번도 부끄러워한 적이 없다"며 이렇게 말했다.

"내 아버지는 월세를 내느라 일주일에 7일을 일했다. 그는 노동의 가치를 믿었다……. 목표를 높게 가져라. 난 여러분 중 어떤 사람으로부터도 '나는 버팔로에서 최고가 되고 싶다'는 말을 듣고 싶지 않다. 나는 '미국에서 최고가 되고 싶다' 또는 '세계에서 최고가 되고 싶다'는 말을 듣고 싶다. 목표를 높게 가져라……. 항상 이 말을 기억했으면 한다. 충분히 열심히 일하면, 높은 목표를 잡으면, 여러분도 이룰 수 있다."

존 캐치마티디스는 2013년 뉴욕시장 선거에 출마했지만, 경선에서 패배했다. 후보였을 당시 TV 인터뷰에서 앵커가 "최근 어떻게 지내느냐"고 질문하자 그는 이렇게 답했다.

"나는 내가 내 삶에서 항상 해왔던 것을 하고 있다. 굉장히 열심히 일하고 매일 밤 11시까지 일하고 일주일에 7일씩 일하는 것이다. 모든 자치구로 향하고 모든 이웃에게 향하고 있다."

미국에선 남들보다 더 많이 일하고 노력하며 사는 이민자의 모습을 쉽게 볼 수 있다.

미국의 억만장자 벤처캐피털리스트 더글러스 레오네(Douglas Leone)

는 이탈리아 출신 이민자다. 그 역시 매사에 불굴의 의지를 갖고 살았다. 젊은 시절 처음 취업을 한 곳은 조그마한 기업이었는데, 사장은 "가서 화장실 청소를 하라"고 주문했다. 그는 어디서든 일을 시작할 때는 밑바닥에서부터, 화장실 청소에서부터 시작한다는 이야기를 접한 적이 있었다. 그렇기에 화장실 청소 지시는 자신을 사업의 세계로 초대하는 것이라고 해석했다. 자신이 그 세계에 받아들여졌다는 생각에 모든 것을 제공해야겠다고 생각하며 열심히 일했다.

현재 더글러스 레오네는 '세쿼이아 캐피털(Sequoia Capital)'에서 파트너로 일하는데, 이 회사의 웹사이트에서 자신의 어린 시절에 대해 이렇게 밝히고 있다.

"나는 이탈리아 출신 이민자다. 사실 11세에 배를 타고 왔다. 절박한 심정과 이기는 것 외에는 다른 선택권이 없는 감정에 대해 무언가를 말해야 할 것이다……. 우리는 최상에 머물고 성공하려는, 믿기 어려울 정도의 필요를 느끼고 있다. 이것은 내가 매일 아침 운동을 하기 위해 4시 반에 일어나는 이유이기도 하다. 나는 가장 선두에 머무르는 것에서 한 인치(inch)도 지지 않는다는 걸 확실시 하고 싶다."

탁월함을 위해 노력하는 이민자들은 왜 수많은 이민 2세대를 비롯해 이민자들의 후손이 미국에서 뛰어난 성취를 보이는지를 설명해 준다.

많은 이민자는 자녀 교육에 있어서도 노력과 성취를 중시하고, 탁월함과 완벽함을 추구했다. 이런 열기는 '아메리칸 드림'이라는 이름으로 수많은 성공신화를 쓴 미국을 만들었다. 최고의 노력과 실력을 추구하는 인적자원은 무엇에도 비할 수 없는 자산이었다.

이민자 가정의 교육열을 보여주는 예시 중 최근 가장 유명세를 떨친 사람으로는 『타이거 마더(Battle Hymn of the Tiger Mother, 2011)』의 저자인 예일대 법대 교수 에이미 추아(Amy Chua)를 꼽을 수 있을 것이다. 그녀는 중국계 이민 2세대로, 책에서 자녀를 최고의 엘리트로 키우기 위해 스스로 실천한 교육법을 다루면서 논란을 일으켰다.

에이미 추아는 두 딸을 철저히 '중국식'으로 교육시켰다. 책에서 말하는 '중국인 엄마'는 보다 포괄적인 의미로 엄격한 자녀 교육 방법을 뜻한다. 그녀는 양육방식에 대한 수많은 연구를 바탕으로 중국인 엄마들은 다음과 같이 믿는다고 결론 내린다.

'언제나 학교 공부가 먼저이고, A⁻는 낮은 성적이며, 수학에서 동급생들보다 두 학년은 앞서가야 하고, 남들 앞에서는 절대 아이를 칭찬하지 않으며, 아이가 교사나 운동 코치와 의견이 맞지 않을 경우 언제나 교사나 코치의 편을 들어야 한다. 특별활동은 메달을 딸 수 있는 것만 허락하는데, 그 메달은 반드시 금메달이어야 한다.'

이것은 그녀가 이민자 부모 밑에서 자란 방식이었다. 부모는 위와 같은 사항을 지키라고 요구했고, 부모로서 완벽한 존중을 요구했다. 에이미 추아는 당시엔 불평을 했지만, 뒤돌아보면 그것이 훌륭한 선물이었다고 회고한다. 그녀는 2012년 코먼웰스 클럽(Commonwealth Club)

에서 한 강연을 통해 이런 교육법에 대해 다음과 같이 말했다.

"나에게 '호랑이 양육법'은 성공이나 성취와는 무관하다. 나에게 이것은 아이에 대한 믿음이다. 아이에게 자신이 생각하는 것보다 더 많이 이룰 수 있다고 가르치는 것이다. 아이가 변명을 만들지 않고 남을 탓하지 않고 높은 기준에 자기 자신을 잡아둔다면 인생에서 무엇이든 좋아하는 것을 할 수 있다는 것이다……. 분명히 그것은 내 부모님이 내게 전해준 것이었고, 내가 내 딸에게 주입시키려고 한 것이었다."

미국에서 이민자들이 자녀들에게 치열한 노력과 완벽한 결과를 요구하는 것은 오래된 전통이었다. 에이미 추아 역시 자녀들에게 탁월함을 요구하는 것은 '중국식 양육법'이라기보다는 '미국의 전통적인 양육법'에 가깝다고 주장하며 이렇게 말했다.

"호랑이 양육법이라고 불리는 것은 미국의 설립자들과 개척자들의 전통적인 양육법과 그렇게 다르지 않다. 생각해보라. 에이브러햄 링컨이 얼마나 자주 남의 집에서 잤을 것 같은가? 그리고 미국에서 대공황을 뚫고 나온 세대들이 어떻게 양육받았을 것 같은가? 나는 그들의 관심이 아이들에게 놀이 스케줄을 잡아주거나 서비스 제공자가 되는 것에 있다고 생각지 않는다. 그들에게는 양육법이 아이들에게 노동윤리, 존중감과 책임감을 주입하는 것이었다고 생각한다……. 아이 양육과 나라의 미래와는 연관이 있다. 좋아하든 아니든, 우리 부모들은 다음 세대를 기르고 있다. 이것은 단순히 아이들의 웰

빙에만 성패가 달려 있는 게 아니라 '아메리칸 드림'의 내구성의 성
패도 달려있는 것이다. 아마도 지금 미국에 있는 우리에게는 이런 전
통적인 미국적인 가치를 재훈련해야 할 시간인지 모른다. 중국이 아
니라 미국의 가치를 말이다. 노력, 책임감, 엄격함, 그리고 탁월함에
대한 존중말이다."

최고의 노력과 최고의 결과를 추구했던 이민자들의 치열함이야말
로 미국을 이민강국으로 만든 원천이자 경쟁력이었다. 이런 이민자
들이 들어와 성공을 이뤘기에 수많은 이민자는 미국을 '희망의 나라'
로 인식했고, 미국인들은 새로운 이민자들을 환영했다. 탁월함을 추
구하고 이뤄낸 이민자들은 선순환을 이루면서 발전과 역동성을 만
들어냈다.

트위터 회장 오미드 코데스타니(Omid Kordestani)가 2007년 산호세주
립대 졸업식 연설에서 "나는 우위를 유지하기 위해 이민자처럼 생각
하고 행동해야 했다"고 말한 것도 이를 보여준다. 그는 이란에서 태
어났는데, 더 나은 교육을 받기 위해 14세 때 이란을 떠나 영국을 거
쳐 미국으로 이민을 왔다. 오미드 코데스타니의 연설은 미국에 어떤
이민자들이 오는지, 그들이 어떻게 살아가는지를 생생히 드러내고
있다. 그는 이렇게 말했다.

"미국의 이민자가 되는 것은 굉장히 특별한 것이다. 당신은 여기
에 오면, 누구도 그 어떤 것도 당신을 실패하게 만들 수 있다고 믿지

않는다. 당신이 이민자로서 얼마나 많은 자신감을 갖고 있는지는 굉장히 충격적이다. 내재적으로 당신은 몽상가이자 싸움꾼이다. 당신은 이 나라에 자기 자신에게 무언가를 입증하기 위해, 당신의 교육에 있어서 정말 최선을 다하기 위해, 직업에서 할 수 있는 한 최선을 다하기 위해, 그리고 삶을 건설하고 성공하기 위해 온다. 이민자의 흔들리지 않는 결정과 함께, 당신은 무언가가 이뤄지도록 할 수 있다. 그래서 나는 여러분 모두에게 이곳에서 태어났든 그렇지 않든, 이민자처럼 행동하고 이민자처럼 생각할 것을 권장한다. 그 누구도 여러분에게 장애물이 있어서 당신이 극복할 수 없다거나 어떤 꿈은 현실화할 수 없다고 말하도록 내버려두지 마라."

우리는
이민강국이 될
준비가 되었나

한국은 미국처럼 이민자들에 의해 설립된 나라가 아니며, 이민국가라는 정체성을 천명한 적도 없다. 하지만 이민자들이 급격히 유입되면서 이민은 피할 수 없는 현상이 됐다.

전 세계적으로 국가 간 이동이 가속화되는 시대에 이민자 유입은 불가피한 현실이다. 이왕 이민자를 받아들일 것이라면 사회가 가장 필요로 하는 인재를 유치해 공동체를 발전시키고, 더 나은 미래를 건설하는 게 현명할 것이다. 이민강국을 위한 고민이 필요한 이유다.

이민자들을 받아들이는 국가로서 한국의 현실을 진단해보지 않을 수 없다.

가장 먼저 생각해볼 점은 한국이 전 세계에서 가장 명석한 인재들이 살고 싶어 하는 곳인가이다. 새로운 기술과 서비스를 만들어내는 혁신가들은 창의성과 역동성이 넘치는 창업의 메카에 매료된다. 한국에는 과연 끊임없는 성공신화로 전 세계 젊은이들의 가슴을 뛰게 하는 산업 현장이 있는가? 일부 산업단지들은 '한국의 실리콘밸리'가 되겠다고 천명했지만, 현실은 초라하다. 국내에서 가장 똑똑한 인재들도 근무를 선호하지 않거나 해외의 명석한 젊은이들을 끌어모으기엔 환경과 문화가 뒷받침되지 못한 곳이 대부분이기 때문이다.

미국이 해외의 인재를 끌어모으는 데에는 질 높은 고등교육기관이 큰 역할을 하고 있다. 최고의 인재들은 교육에 있어서도 최고의 기회를 원한다. 그렇다면 한국의 교육 현장은 잠재력을 가진 똑똑한 유학생들을 충분히 유치하고 있는가? 이 역시 그렇지 않다. 국내에 외국인 유학생은 급격히 늘어나고 있지만, 전국의 수많은 대학은 국제화 지수를 높이고 등록금 손실을 보전하기 위해 양적으로 인근 국가의 유학생들을 유치하는 데에 급급하다. 이들이 학습능력과 언어 구사력이 부족해 수업에서 난항을 겪는다는 점은 언론에서 수차례 지적돼 왔다.

이민강국의 승패는 상당 부분 인재 유치에 달렸다. 인재 한 명이 수많은 사람을 먹여 살릴 수 있는 시대다. 어떤 이민자를 유입하는가가 미래에 지대한 영향을 미친다. 변화지향적인 모험심과 글로벌 감각, 야심과 회복탄력성을 지니고 최고의 탁월함을 추구하면서 사회 발전에 기여하는 이민자들을 유치하려면 어떻게 해야 할지 고민이 필요한 시점이다.

하지만 해외에서 최고의 인재를 유입하기 전에 선결돼야 할 요건이 있다.

이민강국의 출발점은 매력적인 국가여야 한다. 자국민에게도 매력적이지 않은 나라가 외국인에게 매력적이긴 어렵다. 과연 한국이 매력적인 나라라는 공감대는 존재하는가?

오늘날 한국의 많은 젊은이가 이 나라를 '헬(hell)조선'이라는 경멸적인 단어로 부르고 있다. 다른 나라를 이상적으로 형상화하고, 그곳으로의 이민을 꿈꾸는 사람들도 많다. 돈과 권력을 가진 사람들은 자녀를 외국에 유학 보내는 경우가 흔하며, 출산 자체를 미국에 가서 하기도 한다. 내국인들도 탈출을 이야기하면서 외국 인재 유치를 기대할 수 있을까?

한국이 물리적인 생활환경이나 객관적인 조건 때문에 이민강국이 되지 못하는 것은 아니다. 미국이 이민강국이 된 것도 그곳의 역사나 문화, 생활환경이 완벽해서는 아니었다. 미국도 수많은 과오가 있었고 이민자들이 꾸려가야 할 삶도 굴곡으로 가득 차 있었다. 그럼에도 불구하고 사회구성원들은 노력하면 출신배경과 관계없이 성공할 수 있다고 믿었고, 설령 그렇지 않더라도 후세대는 더 나을 거라는 주관적인 긍정주의를 품었다.

오늘날 한국 사회의 구성원들은 '주관적인 긍정주의'가 아니라 '주관적인 비관주의'를 공유하고 있다. 노력의 끝을 보기도 전에 금수저니 흙수저니 하는 '수저 타령'으로 출신배경을 탓한다. 물리적으로는 수십 년간 놀라운 경제성장을 이뤘지만, 사회구성원들은 더 불행해졌다. 노력의 가치나 긍정을 얘기하면 현실감각이 떨어진 '꼰대'로 취급받기 일쑤다.

한국 사회의 구성원들은 아직 개인보다는 소속집단을, 성취보다는 주어진 배경을 중시하고 있다. 작더라도 스스로의 힘으로 이뤄낸 성취를 자랑스러워하기보다는 부모 등 외부에서 물려받은 부와 권력을 부러워한다. 심지어 자신의 힘으로는 아무것도 이뤄낸 게 없더라도 부모 등 외부로부터 물려받은 무언가를 등에 업고 위세를 부리기도 한다.

의지보다 환경을 중시하는 사람들은 인생에 대한 주도권이 약할 수밖에 없다. 이들은 의존적이고 피동적인 삶에 익숙하기 때문에 실패에 대해 오로지 차별과 환경을 탓한다. '왜 사회가, 또는 다른 사람이 나에게 무엇을 해주지 않느냐'만 생각한다는 것이다. 어려운 일을 마주했을 때 주저앉고 머무는 것을 정당화한다. 이런 사람들이 많은 사회에선 실패해도 다시 일어서는 문화, 노력을 가치 있게 여기는 문화, 실력을 중시하는 문화가 싹트기 어렵다.

물론 한국에서 출신배경이 인생에서의 승패로 회자되는 게 전적으로 사람들의 인식 때문은 아니다. 그것은 불편한 현실에 기반하고 있다. 열악한 환경 출신이 성공하기는 어려워지고 있고, 일자리는 부족해지고 있으며, 개천에서 용이 났다는 소식도 잠잠해지고 있다.

원주민뿐 아니라 이민자들에게도 매력적인 국가가 되려면 사회의 소수자들이 오를 수 있는 사다리가 존재해야 한다. 잠재력은 지녔지만 충분히 키울 기회를 얻지 못한 사람들에게 동등한 기회를 보장하고, 사회 곳곳에 진출할 수 있도록 해야 한다는 것이다. 차단된 기회로 인해 박탈감을 느끼는 사람들로 가득 찬 공동체는 건강하게 발전할 수 없다. 이런 사회의 구성원들은 타인을 향한 책임감이나 공동체에 대한 기여의식을 발달시키기도 어렵다.

우리 사회가 매력적인 요소를 갖추고 해외 인재를 유치한다고 해도 추가로 필요한 게 있다. 이질적인 공동체를 하나로 묶어줄 수 있는 공통의 요소와 통합에 대한 강조다.

한 나라의 구성원들이 같은 정치관이나 인생관을 지니는 것은 불가능하다. 하지만 중요하게 믿는 가치, 보편적으로 공감할 수 있는 신념과 원칙을 공유하고 존중하는 것은 얼마든지 가능하다. 언어와 민족, 인종이 다른 집단일수록 공통의 가치와 원칙에 대한 합의가 필요할 수밖에 없다. 하나로 통합될 수 있는 요소가 없는 조직은 분열과 와해에 취약하다.

그렇다면 한국 사회는 얼마나 공통의 원칙과 신념을 존중하고 하나로 통합돼 있을까?

한국은 오랫동안 단일민족의 신화 속에 살아오고 하나의 언어를 쓰는 사회임에도 불구하고 지금껏 문제만 생기면 갈기갈기 분열되기 일쑤였다. 힘을 모아 해결해야 할 사안도 정쟁의 미궁으로 빠지곤 했고, 네 편 내 편 갈라 싸우기 바빴다. 정치 지도자들도 통합과 건설적인 미래를 강조하기보다는 상대편을 탓하고 비난하며 과거와 현재에 머물곤 했다.

공동체를 지탱하는 법과 원칙이 잘 지켜지는 것도 아니다. '헌법 위에 국민정서법'이라는 말이 유행할 정도로 법과 원칙이 자주 무너지곤 했다. 게다가 학연·지연·혈연, 이를 넘어 전관예우와 청탁 등 각종 연줄을 이용한 부정행위는 연일 뉴스를 오르내리고 있다.

물론 더 나은 미래를 위해 과거를 떠나온 이민자들이 건설하는 '이민국가'에 중요한 것은 과거나 현재가 아닌 '미래'다. 이민자들을 받아들이는 국가로서 한국의 토양이 척박하다고 하더라도 미래엔 얼마든지 변화하고 발전할 수 있다면 문제가 되지 않는다는 것이다.

그런 의미에서 우리 사회의 발전 가능성은 구성원들의 태도와 지향점에 달렸다. 지나간 과거보다 다가올 미래를 중시하고, 뭐가 됐든 현재보다 더 나은 것들이 가능할 거라고 믿는 미래지향적인 기질을 갖추는 것이야말로 이민강국을 만드는 초석이 될 것이다.

이 책에서 다룬 요소들이 이민강국을 구성하는 데 있어서 정답이 될 순 없다. 하지만 현대 세계에서 가장 성공적인 이민강국으로 꼽히는 미국이 갖고 있는 토양과 자산, 경쟁력을 갖추지 않고도 우리나라가 이민강국이 될 수 있을지는 고민해봐야 할 것이다. 이 책이 한국 사회의 미래와 이민강국에 대해 고민하는 분들에게 조금이나마 도움이 되었으면 하는 바람이다.

참고문헌

[단행본]

다케우치 가즈마사(Takeuchi Kazumasa), 2014, 『엘론 머스크, 대담한 도전』, 비즈니스북스.

서진규, 2006, 『나는 희망의 증거가 되고 싶다』, 랜덤하우스.

알렉시스 드 토크빌(Alexis de Tocqueville), 2008, 『미국의 민주주의(De La Démocratie en Amérique)』, 한길사.

에이미 추아(Amy Chua), 2011, 『타이거 마더(Battle Hymn of the Tiger Mother)』, 민음사.

Alexander Kugushev, 2011, 『Resilient America』, Trafford Publishing.

Allison Lassieur, 2013, 『The Harlem Renaissance』, Capstone Press.

Andrew Carnegie, 2006, 『The Autobiography of Andrew Carnegie』, Penguin Group.

Anne Snowden Crosman, 2012, 『The New Immigrants』, Book Publishers Network.

Arianna Huffington, 2014, 『Thrive』, Harmony Books.

Arnold Schwarzenegger, 2012, 『Total Recall』, Simon & Schuster.

Babara R. Bergmann, 1996, 『The Defense of Affirmative Action』, BasicBooks.

Barack Obama, 2006, 『The Audacity of Hope』, Vintage.

Bill Cosby & Alvin F. Poussaint, 2007, 『Come On, People: On the Path From Victims to Victors』, Thomas Nelson.

Charles Murray, 2012, 『Coming Apart: The State of White America, 1960-2010』, Crown Forum.

Claude S. Fischer, 2010, 『Made in America: A Social History of American Culture and Character』, The University of Chicago Press.

Coldoleezza Rice, 2010, 『Extraordinary, Ordinary People』, Three Rivers Press.

Dan Smee, Shoba Sreenivasan, 2009, 『Totally American』, Holymolypress.

David Morris Potter, 1954, 『People of Plenty: Economic Abundance and the American Character』, University of Chicago Press.

David O. Renz & Associates, 2010, 『The Jossy-Bass Handbook of Nonprofit Leadership and Management, 3rd Edition』, Jossey-Bass.

Deborah Perry Piscione, 2013, 『Secrets of Silicon Valley』, Palgrave Macmillan.

Dinesh D'Souza, 2002, 『What's so Great About America』, Regnery.

Eugene Robinson, 2010, 『Disintegration: The Splintering of Black America』, Anchor Books.

Farivorz Ghadar, 2014, 『Becoming American』, Rowman & Littlefield.

Frank D. Bean and Gillian Stevens, 2003, 『America's Newcomers and the Dynamics of Diversity』, Russel Sage Foundation.

Frederick Rudolph, 1990, 『The American College & University』, University of Georgia Press.

Gabriel J. Chin, Rose Cuison Villazor, 2015, 『The Immigration and Nationality Act of 1965』, Cambridge University Press.

Gary S. Becker, 1997, 『The Economics of Life』, McGraw-Hill.

Gary Shapiro, 2011, 『The Comeback: How Innovation Will Restore the American Dream』, Beaufort Books.

Gordon Chin, 2015, 『Building Community』, Chinatown Style, Jay Schaefer Books.

Gwen Ifill, 2009, 『The Break Through: Politics and Race in the Age of Obama』, Doubleday.

Irene Bloemraad, 2006, 『Becoming a Citizen: Incorporating Immigrants and Refugees in the United States and Canada』, University of California Press.

Isabel Wilkerson, 2010, 『The Warmth of Other Suns: The Epic Story of America's Great Migration』, Vintage Books.

James Axtell, 2006, 『The Making of Princeton University: From Woodrow Wilson to the Present』, Princeton University Press.

James Beckman, 2007, 『Comparative Legal Approaches To Homeland Security and Anti-Terrorism』, Ashgate.

James D. Davidson and Ralph E. Pyle, 2011, 『Ranking Faiths: Religious Stratification in America』, Rowman & Littlefield.

James F. Hollifield, Philip L Martin, Pia M. Orrenius, 2014, 『Controlling Immigration』, Stanford University Press.

Joel L. Fleishman, 2007, 『The Foundation: A Great American Secret』, Public Affairs.

John F. Kennedy, 1964, 『A Nation of Immigrants』, Haper Perennial.

John R. Thelin, 2011, 『A History of American Higher Education』, The Johns Hopkins University Press.

Kareem Abdul-Jabbar, 2007, 『On the Shoulders of Giants: My Journey Through the Harlem Renaissance』, Simon & Schuster.

Lac Su, 2009, 『I Love Yous Are for the White People』, Harper Perennial.

Lawrence H. Fuchs, 1990, 『The American Kaleidoscope: Race, Ethnicity, and the Civic Culture』, Wesleyan University Press.

Lawrence M. Friedman, 2005, 『A History of American Law』, Touchstone.

Lawrence Otis Graham, 2000, 『Out Kind of People: Inside America's Black Upper Class』, Harper Perennial.

Louis DeSipio and Rodolfo O. de la Garza, 2015, 『US Immigration in the Twenty-First Century』, Westview Press.

Mae M. Ngai, 2004, 『Impossible Subjects: Illegal Aliens and the Making of Modern America』, Princeton University Press.

Marcia Graham Synnott, 2013, 『Diversity at The Big Three: Changes at Harvard, Yale, and Princeton Since 1920s』, Transaction Publishers.

Margaret Sands Orchowski, 2015, 『The Law That Changed the Face of America』, Lowman & Littlefield.

Mel Van Elteren, 2006, 『Americanism and Americanization』, McFarland & Company.

Michael Lewis, 2000, 『The New New Thing』, Norton.

Noreen Mallory, 2011, 『Harlem in the Twentieth Century』, The History Press.

Oscar Handlin, 2002, 『The Uprooted: The Epic Story of the Great Migrations That Made the American People』, University of Pennsylvania Press.

Paul Collier, 2013, 『Exodus: Immigration and Multiculturalism in the 21st Century』, Penguin Books.

Philip Kasinitz, John H. Mollenkopf, Mary C. Waters, Jennifer Holdaway, 2008, 『Inheriting the City』, Russel Sage Foundation.

Richard L. Brandt, 2011, 『The Google Guys』, Penguin Group.

Ronald Takaki, 2008, 『A Different Mirror: A History of Multicultural America』, Back Bay Books.

Susan E. Eaton, 2016, 『Integration Nation』, The New Press.

Susan F. Martin, 2011, 『A Nation of Immigrants』, Cambridge University Press.

Vivek Wadhwa, 2012, 『The Immigrant Exodus』, Wharton Digital Press.

Walter W. Powell, Richard Steinberg, 2007, 『The Nonprofit Sector: A Research Handbook』, Yale University Press.

[논문 및 연구물]

Andrew Kohut, Richard Wike, Jacob Poushter, Juliana Menasce Horowit, Jacob Poushter, Cathy Barker, James Bell, Elizabeth Mueller Gross, 2011, The American-Western European Values Gap, Pew Research Center Global Attitudes Project, p.1.

Annalee Saxenian, 1999, Silicon Valley's New Immigrant Entrepreneurs, Public Policy Institute of California, pp.1~76.

Gary R. Weaver, 1999, American Cultural Values, Kokusai Bunka Kenshu(Intercultural Training), Special Edition, pp.9~15.

Jefferson P. Marquis, Nelson Lim, Lynn M. Scott, Margaret C. Harrell, Jennifer Kavanagh, 2008, Managing Diversity in Corporate America, Rand Labor Population, pp.1~26.

Lawrence Auster, 1991, America: Multiethnic, not multicultural, Academic Questions, Vol.4, Issue 4, pp.72~84.

Richard Alba, 2004, Language Assimilation today, Lewis Mumford Center for Comparative Urban and Regional Research, pp.1~5.

Theo J. Angelis, Jonathan H. Harrison, 2003, History and Importance of the Rule of Law, World Justice Project, pp.1~2.

Whitfield J. Bell, Jr., 2006, Benjamin Frankilin on Philanthropy, American Philosophical Society, pp.3~13.

[간행물]

Charles V. Dale, 2005, Federal Affirmative Action Law: A Brief History, CRS Report for Congress.

NAFSA Association of International Educators, 2003, In America's Interest: Welcoming International Students.

Peter D. Eckel, Jacqueline E. King, 2004, An Overview of Higher Education in the United States, American Council on Education.

The President's Initiative on Race, 1998, One America in the 21st Century, The Advisory Board's Report to the President.

The White House Washington, 2015, Strengthening Communities by Welcoming All Residents, The White House Task Force on New Americans.

United Nations, Department of Economic and Social Affairs, 2015, International Migration 2015.

[웹사이트]

1. 미국대사관
미국 역사에 대해 '이민자들의 나라'라고 소개하는 부분
http://infopedia.usembassy.or.kr/KOR/_f_1301.html
http://usa.usembassy.de/society.htm

2. 미국 의회도서관
아메리칸 드림(American dream)
http://www.loc.gov/teachers/classroommaterials/lessons/american-dream/students/thedream.html

아무것도 모르는 당(Know-Nothing Party)

http://www.loc.gov/teachers/classroommaterials/connections/sheet-music-1820/history6.html

외국인 및 선동법(Alien and Sedition Acts)

https://www.loc.gov/rr/program/bib/ourdocs/Alien.html

3. 미국 국무부

중국인 배제법(Chinese Exclusion Act)

https://history.state.gov/milestones/1937-1945/chinese-exclusion-act-repeal

콜린 파월

https://history.state.gov/departmenthistory/people/powell-colin-luther

할렘 르네상스(Harlem Renaissance)와 뉴 니그로 운동(The New Negro Movement)

https://www.loc.gov/exhibits/naacp/the-new-negro-movement.html

1952년 이민국적법(The Immigration and Nationality Act of 1952)

https://history.state.gov/milestones/1945-1952/immigration-act

4. 미국 백악관

버락 오바마 대통령의 취임사

https://www.whitehouse.gov/the-press-office/2013/01/21/inaugural-address-president-barack-obama

새로운 미국인들을 위한 백악관 태스크포스(White House Task Force on New Americans)

https://www.whitehouse.gov/issues/immigration/new-americans

이민자 유산의 달(Immigrant Heritage Month)

https://www.whitehouse.gov/blog/2015/06/05/immigrant-heritagemonth-celebrating-immigrants-american-stories

5. 미국 하원
이민개혁위원회 의장을 지낸 바버라 조던(Babara Jordan)
http://history.house.gov/People/Detail/16031

6. 미국 국립기록보존관(National Archives)
1964년 민권법(Civil Rights Act)
http://www.ourdocuments.gov/doc.php?flash=true&doc=97
1988년 시민자유법(Civil Liberty Act)
https://www.archives.gov/press/press-releases/2013/nr13-118.html

7. 미국 국토안보부
미국 유학생에 대한 미국 보도자료
https://www.ice.gov/news/releases/sevp-releases-2015-international-student-data-launches-interactive-mapping-tool

8. 국가 교육통계센터(National Center for Education Statistics)
미국 교육기관 통계
https://nces.ed.gov/fastfacts/display.asp?id=84

9. 스미소니언박물관
미국의 자선과 기부 문화
http://americanhistory.si.edu/blog/american-philanthropy-smithsonian

10. 대학

다트머스대 첫 유대인 총장(다트머스대)

http://www.dartmouth.edu/~news/releases/2006/03/21.html

아나냐 로이(UCLA)

http://luskin.ucla.edu/ananya-roy

이민개혁위원회 바버라 조던의 의회 증언(텍사스대)

https://www.utexas.edu/lbj/uscir/062895.html

젠슨 황(오레곤주립대)

http://engineering.oregonstate.edu/jen-hsun-huang-2013-engineering-hall-fame

존 데 크레브쾨르의 '미국 농부로부터의 편지'(버지니아대)

http://xroads.virginia.edu/~hyper/crev/home.html

존 데 크레브쾨르의 생애(미시간대)

http://quod.lib.umich.edu/w/wsfh/0642292.0039.013/--american-farmer-as-french-diplomat-j-hector-st-john-de?rgn=main;view=fulltext

차별 철폐 조치(캘리포니아대)

http://www.oeod.uci.edu/aa.html

차별 철폐 조치(스탠퍼드대)

http://plato.stanford.edu/entries/affirmative-action

프린스턴대의 흑인 학생 차별(프린스턴대)

http://libguides.princeton.edu/c.php?g=84056&p=544526

프린스턴대 첫 유대인 총장(프린스턴대)

http://www.princeton.edu/president/eisgruber/speeches-writings/archive/?id=16757

할렘 르네상스(예일대)

http://www.yale.edu/ynhti/curriculum/units/1978/2/78.02.08.x.html

11. 연구기관

'멜팅 팟'과 '샐러드 볼'에 대한 비교(후버연구소)

http://www.hoover.org/research/melting-pots-and-salad-bowls

1965년 이민국적법(이주정책연구소, MPI)

http://www.migrationpolicy.org/article/geopolitical-origins-us-immigration-act-1965

1965년 이민국적법(이민연구센터, CIS)

http://cis.org/1965ImmigrationAct-MassImmigration

12. 시민단체

미국 유학생 자료(Institute of International Education)

http://www.iie.org/en/Who-We-Are/News-and-Events/Press-Center/Press-Releases/2015/2015-11-16-Open-Doors-Data

미국의 기부 문화(Philanthropy Rountable)

http://www.philanthropyroundtable.org/almanac/the_arts_and_culture

차별 철폐 조치(The Leadership Conference on Civil and Human Rights)

http://www.civilrights.org/resources/civilrights101/affirmaction.html

차별 철폐 조치(JURIST)

http://jurist.org/feature/featured/affirmative-action/detail.php

차별 철폐 조치(NCSL; National Conference of State Legislatures)

http://www.ncsl.org/research/education/affirmative-action-overview.aspx

할렘 르네상스(Independent Hall Association)

http://www.ushistory.org/us/46e.asp

할렘 르네상스(Humanities Texas)

http://www.humanitiestexas.org/news/articles/harlem-renaissance-what-was-it-and-why-does-it-matter

13. 언론

구글 CEO 순다르 피차이(블룸버그)

http://www.bloomberg.com/news/articles/2014-06-24/googles-sundar-pichai-king-of-android-master-of-mobile-profile

램 스리람(스탠퍼드 뉴스)

http://news.stanford.edu/news/2009/december7/shriram-board-election-120709.html

마이클 블룸버그 기고문(월스트리트저널)

http://www.wsj.com/articles/SB10001424052748703387904576279293334248326

마크 저커버그의 기부(뉴욕타임스)

http://www.nytimes.com/2015/12/02/technology/mark-zuckerberg-facebook-charity.html?_r=0

미국 대학들의 동문 자녀 입학 실태(월스트리트저널)

http://www.wsj.com/articles/SB1042580441793521864

미국의 유학생들(월스트리트저널)

http://www.wsj.com/articles/international-students-stream-into-u-s-colleges-1427248801

미스 아메리카 바네사 윌리엄스(NPR)

http://www.npr.org/sections/thetwo-way/2015/09/14/440274068/miss-america-pageant-apologizes-to-1983-winner-vanessa-williams

바버라 조단 기고문(뉴욕타임스)

http://www.nytimes.com/1995/09/11/opinion/the-americanization-ideal.html

스페이스X 창업자 엘론 머스크(블룸버그)

http://www.bloomberg.com/news/videos/b/fec69071-ed75-4021-96ad-

9f54b8230d07

조셉 오네일(NPR)

http://www.npr.org/templates/story/story.php?storyId=97468340

캐서린 필립스의 다양성에 대한 칼럼(사이언티픽 아메리칸)

http://www.scientificamerican.com/article/how-diversity-makes-us-smarter

클리블랜드 첫 흑인 시장 칼 스토크스(뉴욕타임스)

http://www.nytimes.com/1996/04/04/us/carl-stokes-68-dies-precedent-setting-mayor.html

피터 틸(뉴요커)

http://www.newyorker.com/magazine/2011/11/28/no-death-no-taxes

피터 틸(블룸버그)

http://www.bloomberg.com/news/articles/2011-02-03/peter-thiel-21st-century-free-radical

LA 첫 흑인 시장 톰 브래들리(뉴욕타임스)

http://www.nytimes.com/1998/09/30/us/tom-bradley-mayor-in-era-of-los-angeles-growth-dies.html?pagewanted=all

1965년 이민귀국적법에 대한 스티븐 클라인버그 설명(NPR)

http://www.npr.org/templates/story/story.php?storyId=5391395

14. 기관, 기업 및 개인 웹사이트

개리 바이너척(개인 웹사이트)

https://www.garyvaynerchuk.com/biography

타임스고등교육(Times Higher Education) 세계 대학 순위

https://www.timeshighereducation.com/world-university-rankings/2016/world-ranking#collapse_text

더글러스 레오네(세쿼이아 캐피털)

https://www.sequoiacap.com/people/doug-leone

디팍 초프라(개인 웹사이트)

http://www.chopra.com/about-us/deepak-chopra-md

루보브 아즈리아(BCBG 맥스 아즈리아 그룹)

http://www.bcbgmaxazriagroup.com/about-bcbgmaxazria

비노드 코슬라(코슬라 벤처스)

http://www.khoslaventures.com/team/vinod-khosla

서진규 박사(개인 웹사이트)

http://drjinrobertson.com/about

샤히드 칸(재규어스)

http://www.jaguars.com/team/management/shad-khan.html

새로운 미국인들을 위한 국가적 파트너십(National Partnership of New Americans)

http://partnershipfornewamericans.org/about-npna/

아나냐 로이(개인 웹사이트)

https://ananyaroyucla.wordpress.com

존 캐치마티디스(개인 웹사이트)

http://www.catsimatidis.com

트리타 파르시(개인 웹사이트)

http://www.tritaparsi.com

트리타 파르시(National Iranian American Council)

http://www.niacouncil.org/about-niac/staff-board/dr-trita-parsi/

패트릭 순시옹

http://nanthealth.com/about-us

포드 재단 프랭클린 토마스

https://www.fordfoundation.org/about-us/history

플레시 대 퍼거슨 사건(미디어회사 A&E 네트웍스가 운영하는 '히스토리닷컴')
http://www.history.com/topics/black-history/plessy-v-ferguson
LA 첫 흑인 시장 톰 브래들리
http://www.mayortombradley.com/biography
1965년 이민국적법(미디어회사 A&E 네트웍스가 운영하는 '히스토리닷컴')
http://www.history.com/topics/us-immigration-since-1965

15. 연설 및 인터뷰가 수록된 유튜브
개리 바이너척 인터뷰
https://www.youtube.com/watch?v=lsqaqRBTj_s
https://www.youtube.com/watch?v=hSjNhtk-Yik
https://www.youtube.com/watch?v=a6LPFhxpUDA
김용 연설
https://www.youtube.com/watch?v=dx8qk98_NE0
https://www.youtube.com/watch?v=KrelqtjCzKs
더글러스 레오네 인터뷰
https://www.youtube.com/watch?v=4cl8X02Xd1I
데쉬 데쉬판데의 커프만 재단 인터뷰
https://www.youtube.com/watch?v=Y78ocg8DzIY
https://www.youtube.com/watch?v=BdCBupaNAQo
디팍 초프라 인터뷰
https://www.youtube.com/watch?v=qf53hkdCDFw
램 스리람 강연
https://www.youtube.com/watch?v=liwTh0T34_g
https://www.youtube.com/watch?v=btVMA6SjShw
루보브 아즈리아 구글 강연

https://www.youtube.com/watch?v=Mrc8WWaGh_8
마크 라스리 인터뷰
https://www.youtube.com/watch?v=_ZShRYIr95I
https://www.youtube.com/watch?v=V8_azLp0j14
버락 오바마 대통령 시카고 연설
https://www.youtube.com/watch?v=FoQKOFFxA_w
비노드 코슬라 인터뷰
https://www.youtube.com/watch?v=HZcXup7p5-8&app=desktop
https://www.youtube.com/watch?v=kmU4xIG_rOc&app=desktop
서진규 박사 강연
https://www.youtube.com/watch?v=2R3BOvbjoIE
https://www.youtube.com/watch?v=czMO9-NHo0Q
샤히드 칸 인터뷰
https://www.youtube.com/watch?v=8W8i20FVOvQ&app=desktop
순다르 피차이 인도 델리대 토크콘서트
https://www.youtube.com/watch?v=MwAOeUmkT-U
아리아나 허핑턴 연설 및 인터뷰
https://www.youtube.com/watch?v=UJ25qEHgcM4
https://www.youtube.com/watch?v=d93YEtWWfx0
https://www.youtube.com/watch?v=9ah1HCLC5nc
아나냐 로이 강연 및 인터뷰
https://www.youtube.com/watch?v=QiQACZnC9So
https://www.youtube.com/watch?v=pKASroLDF0M
얀 쿰 인터뷰
https://www.youtube.com/watch?v=4QRx0RsnmmU
https://www.youtube.com/watch?v=A6e3nLwmimQ

에이미 추아 코먼웰스클럽 인터뷰

https://www.youtube.com/watch?v=TGHvGw4_ExE

엘론 머스크 인터뷰

https://www.youtube.com/watch?v=3gWbyVgZLwY

오미드 코데스타니 산호세주립대 연설

https://www.youtube.com/watch?v=HJer30-Lj2s

인더 시두 연설

https://www.youtube.com/watch?v=WsXpdEMGFmk

제리 양 하와이대 연설

https://www.youtube.com/watch?v=wL1dQsXhc4g

젠슨 황 오레곤주립대 연설

https://www.youtube.com/watch?v=lMW5v7wK7zo

존 캐치마티디스 연설 및 인터뷰

https://www.youtube.com/watch?v=RZMgUox5mVU

https://www.youtube.com/watch?v=lbDc6NbHHaQ

트리타 파르시 인터뷰

https://www.youtube.com/watch?v=SVGqDfX_pgA

파리드 자카리아 새라 로렌스 칼리지 연설

https://www.youtube.com/watch?v=jMtju5yTGpU

패트릭 순 시옹 인터뷰

https://www.youtube.com/watch?v=fcubsytKxdw

https://www.youtube.com/watch?v=HhRkSduDd3U

피에르 오미다이어 강연

https://www.youtube.com/watch?v=UHTCa5QzwbA

https://www.youtube.com/watch?v=1rrBNS9EQKM

피터 틸 한국 강연

https://www.youtube.com/watch?v=bxTO2KruGh0

호르헤 라모스 마이애미 북페어 강연

https://www.youtube.com/watch?v=T20BZLmepEg